Vorwort

Diese Darstellung der **Mikroökonomie** entspricht inhaltlich den einschlägigen universitären Veranstaltungen. Sie soll dem Studenten beim *systematischen Vor- und Nacharbeiten* helfen und als *Repetitorium* für Klausur und Examen dienen. Für alle anderen Leser ist sie eine *knappe* und *präzise* Einführung, die sich auf das Wesentliche konzentriert und bereits innerhalb kurzer Zeit einen sehr guten *Überblick* verschafft.

Mit **Mikroökonomik** liegt nun das Gegenstück zum Titel **Makroökonomik** vor. Beide Titel sind aufeinander abgestimmt; sie ergänzen sich und die anderen Titel dieser Reihe optimal. Bei Überschneidungen mit den anderen Titeln haben wir *Querverweise* für den interessierten Leser eingefügt. Das bewährte Konzept, das Thema besonders *verständlich* und *strukturiert* darzustellen, haben wir beibehalten.

Bei der Gestaltung von **Mikroökonomik** wurde, wie in der gesamten Reihe, den folgenden drei Merkmalen besonderes Gewicht beigemessen:

- **Klare Struktur** und **Übersichtlichkeit**: Oberbegriffe erscheinen bei der ersten Erwähnung im Skript **fettgedruckt**; wichtige Sachverhalte werden durch <u>Unterstreichen</u> oder durch *Kursivschrift* hervorgehoben. Durch Einrücken werden Unterteilungen und Beispiele gekennzeichnet. Die Terminologie in der Literatur ist leider nicht einheitlich; wir haben den jeweils *meistverwendeten* oder *verständlichsten Terminus* benutzt. Trotzdem wurden andere, ebenfalls verwendete Begriffe nach der ersten Erwähnung des Terminus in Klammern aufgezählt, um dem Leser die Orientierung im von ihm verwendeten Lehrbuch zu erleichtern.
- **Abbildungen** und **Tabellen**: Die verbale Darstellung wird durch viele *Abbildungen* bzw. *Tabellen* ergänzt.
- **Beispiele** und **Kontrollfragen**: *Beispiele* und ihre *Lösungen* tragen zum besseren Verständnis bei. Außerdem haben wir *Kontrollfragen* – ebenfalls mit *Lösungen* – angefügt, die den Einstieg in die intensive Wiederholung erleichtern.

Für eine optimale Klausurvorbereitung schlagen wir vor:
1. Zur Vorstrukturierung **Mikroökonomik** bei Semesterbeginn zügig, aber ganz zu lesen;
2. während des Semesters **Mikroökonomik** veranstaltungsbegleitend gründlich durchzuarbeiten und durch Randbemerkungen zu ergänzen; und
3. am Semesterende **Mikroökonomik** zur Wiederholung nochmals zu lesen.

Wir danken Dipl.-Kfm. Jochen Wenz für wertvolle Hinweise bei der Durchsicht des Manuskripts.

Viel Spaß bei der Lektüre!

Die Autoren

Inhaltsübersicht

1 Einleitung

Forschungsgegenstand der Wirtschaftswissenschaft ist die Wirtschaft. Wirtschaften bedeutet rationale Disposition über **knappe Güter.** Im Gegensatz zu knappen Gütern existieren auch **freie Güter** (z.B. Luft), deren Konsum kostenlos ist; denn für diese Güter ist kein Markt vorhanden, auf dem sich ein Preis bilden kann.

Die Handlungseinheiten, welche zur Verfolgung ihrer speziellen Ziele über knappe Mittel disponieren, werden **Wirtschaftssubjekte** genannt. Diese werden in *private Haushalte* und *Unternehmen* eingeteilt. Die Definition von Haushalten und Unternehmen ergibt sich aus ihrer Stellung im **Wirtschaftskreislauf:**

```
         <─────────────── Konsumgüter ───────────────
         ──────────────── Konsumausgaben ────────────>
Haushalte                                                Unternehmen
         ──────────────── Produktionsfaktoren ───────>
         <─────────────── Faktoreinkommen ────────────
```

Die Haushalte bieten auf dem Faktormarkt Produktionsfaktoren an. **Produktionsfaktoren** (kurz: Faktoren) sind *Arbeit, Boden* und *(Sach-)Kapital.* Haushalte befriedigen ihre Bedürfnisse durch **Konsumtion,** indem sie die erhaltenen Faktoreinkommen zum Kauf von Konsumgütern verwenden. Die Unternehmen fragen Produktionsfaktoren nach, welche in die Produktion von Konsumgütern eingehen. **Produktion** ist der Transformationsprozeß, in welchem die Produktionsfaktoren durch eine zweckmäßige Kombination in Güter umgewandelt werden. Diese Güter werden auf dem Konsumgütermarkt veräußert, um mit dem Erlös die eingesetzten Faktoren zu entlohnen.

An die Darstellung des Wirtschaftskreislaufs schließen sich die Grundfragen der Wirtschaftswissenschaft an, nämlich die Fragen, in welcher Kombination die Faktoren zur Produktion welcher Güter eingesetzt werden sollen (**Allokation**), wie die produzierten Güter auf die Haushalte verteilt werden sollen (**Distribution**) und wie die Konsumtionspläne der Haushalte mit den Produktionsplänen der Unternehmen in Übereinstimmung zu bringen sind (**Koordination**).

1.1 Allokation

Das Allokationsproblem besteht aus zwei Fragen:

1. *Wie können Produktionsfaktoren* effizient *zur Produktion eines Gutes eingesetzt werden?* Ein Produktionsprozeß ist ineffizient, wenn entweder eine Gütermenge mit einem geringeren Faktoreinsatz produzierbar ist oder wenn mit dem gleichen Faktoreinsatz eine größere Gütermenge hergestellt werden kann. Es gilt also, das Verhältnis von Faktoreinsatz und Produktionsmenge zu optimieren. Dieses Problem wird in Kapitel 3 untersucht.

2. *Welche Güter sollen produziert werden?* D.h., in welchen Produktionen sollen die Faktoren eingesetzt werden?

Nehmen wir an, eine Volkswirtschaft würde lediglich zwei Güter produzieren und über einen gegebenen Bestand an Produktionsfaktoren verfügen. Werden alle Faktoren <u>effizient</u> zur Produktion des einen Gutes eingesetzt, dann ergibt sich eine maximale Gütermenge dieses Gutes (Punkt P_1), die nicht überschritten werden kann. Ebenso können alle Faktoren zur Produktion des anderen Gutes eingesetzt werden; dann ergibt sich – unter vollständigem Verzicht auf das erste Gut – eine maximale Menge des anderen Gutes (Punkt P_2). Wenn beide Güter produziert werden, dann ergibt sich bei effizientem Einsatz der Faktoren eine Kurve von Gütermengenkombinationen, die bei gegebenem Faktorbestand maximal produzierbar sind. Diese Kurve wird **Transformationskurve** (Produktionsmöglichkeitskurve) genannt; vgl. ausführlich S. 57 f. Punkte <u>oberhalb</u> der Kurve sind für die Volkswirtschaft mit ihren beschränkten Ressourcen nicht erreichbar. Punkte <u>unterhalb</u> der Kurve schöpfen die Produktionsmöglichkeiten nicht voll aus: Vom einen Gut kann mehr produziert werden, ohne daß die Produktion des anderen Gutes eingeschränkt werden muß. In der Abbildung entspricht dies z.B. einer horizontalen Bewegung von einem Punkt unterhalb der Kurve bis auf die Kurve. Punkte unterhalb der Kurve kennzeichnen also ineffiziente Produktionsprozesse. Die Volkswirtschaft wird deswegen auf der Transformationskurve produzieren. Dies ist der erste Teil des Allokationsproblems. Anschließend ist die Frage zu beantworten, welche Gütermengenkombination auf der Kurve produziert werden soll. Dies ist der zweite Teil des Allokationsproblems, nämlich die Bestimmung eines Punktes auf der Transformationskurve.

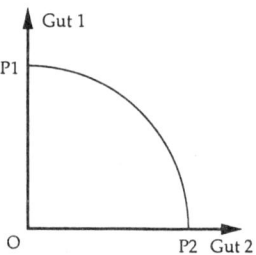

1.2 Distribution

Ist eine Gütermengenkombination produziert, schließen sich zwei weitere Fragen an:

1. *Wie sollen die Güter auf die Haushalte verteilt werden?* Dies ist der erste Teil des Distributionsproblems, der in Abschnitt 4.2.3.1 behandelt wird.

2. *Wie sollen die Faktoreinkommen auf die Faktoren* (und damit auf die Eigentümer der Faktoren) *verteilt werden?* Diese Frage ist der zweite Teil des Distributionsproblems. Sie wird in Abschnitt 3.4.2 beantwortet.

Beide Fragen hängen zusammen, weil die Höhe des Einkommens natürlich die Konsumtionsmöglichkeiten bestimmt.

1.3 Koordination

Das Koordinationsproblem besteht aus drei Teilen:

– Erstens *sind die Konsumtionspläne der Haushalte so zu koordinieren, daß die Ge-*

samtheit der Haushalte größtmöglichen Nutzen aus dem Verbrauch einer <u>gegebenen</u> Gütermenge erzielt.

- Zweitens *müssen die Produktionspläne der Unternehmen koordiniert werden*, um einen effizienten Einsatz der Faktoren zu sichern.

- Drittens schließlich *müssen die Produktionspläne der Unternehmen mit den Bedürfnissen der Haushalte in Übereinstimmung gebracht werden.*

Die Lösung dieses Problems kann auf zwei grundsätzlich verschiedene Arten erfolgen:

- Zum einen kann eine zentrale Planbehörde Informationen über Bedürfnisse, Produktionstechnologien und Faktorbestände sammeln und auf dieser Grundlage Allokation und Distribution im Rahmen eines gesamtwirtschaftlichen Planes steuern (**Zentralverwaltungswirtschaft**, Kommandowirtschaft).

- Die Koordination kann jedoch auch dezentral erfolgen, indem die Wirtschaftssubjekte (Haushalte und Unternehmen) sich individuell einigen. Das Medium, über welches dann Bedürfnisse und Knappheiten mitgeteilt werden, ist der Preismechanismus (**Marktwirtschaft**).

Wir wollen im weiteren lediglich die Koordination durch den Preismechanismus im Rahmen einer marktwirtschaftlichen Wirtschaftsordnung untersuchen. Dies geschieht in Abschnitt 4.2.3.

Gegenstand der **Mikroökonomie** sind die Entscheidungen <u>einzelner</u> Wirtschaftssubjekte (deswegen "Mikro") und die Vorgänge auf <u>einzelnen</u> Märkten. Im Gegensatz hierzu sind die Untersuchungsgegenstände der **Makroökonomie** die Beziehungen zwischen <u>Gruppen</u> von Wirtschaftssubjekten (gesamtwirtschaftlichen Aggregaten), z.B. zwischen der Gruppe aller Unternehmen und der Gruppe aller Haushalte. Die Makroökonomie wird im Titel **Makroökonomik** dargestellt, der ebenfalls in dieser Reihe erschienen ist.

Die Mikroökonomie besteht aus drei Bereichen, der Theorie des Haushalts (Kapitel 2), der Theorie der Unternehmung (Kapitel 3) und der Markt- und Preistheorie (Kapitel 4).

2 Theorie des Haushalts
2.1 Konsumsektor

Der Haushalt ist seiner Einordnung in den Wirtschaftskreislauf folgend als *konsumierende* Wirtschaftseinheit definiert (vgl. S. 5). In ihm vollzieht sich der Endzweck allen Wirtschaftens, nämlich der Konsum. Haushalte konsumieren, um ihre **Bedürfnisse** zu befriedigen. Abhängig von ihren **individuellen Präferenzen** erwerben sie Konsumgüter, um so ihre Bedürfnisse weitestgehend zu befriedigen. Für die Bedürfnisbefriedigung sind sowohl die Gütermengen als auch die Kombination der verschiedenen Güter relevant. Der **Nutzen**, den dieser Konsum stiftet, gibt an, wie erfolgreich der Haushalt in dem Bemühen ist, seine Bedürfnisse zu befriedigen. Ziel des Haushalts ist die **Nutzenmaximierung**. Die Entscheidungssituation, in welcher der Haushalt dieses Ziel verfolgt, stellt sich folgendermaßen dar:

- Der Haushalt bietet Arbeit und Kapital auf den Faktormärkten an. Dabei entscheidet er über die Aufteilung seiner Tageszeit auf Arbeitszeit und Freizeit sowie über die Aufteilung seines Einkommens auf Ersparnis und Konsumausgaben. Diese Aufteilung determiniert das Einkommen des Haushalts. Dies ist die *Angebotsentscheidung* des Haushalts.

- Mit dem nach Abzug der Ersparnis verbleibenden Einkommen **(Konsumsumme c)** fragt der Haushalt Konsumgüter auf den Konsumgütermärkten nach. Hier entscheidet er nun, welche Güter er in welchen Mengen kaufen muß, um aus dem Konsum den größtmöglichen Nutzen zu ziehen. Dies ist die *Nachfrageentscheidung* des Haushalts.

Bei all diesen Dispositionen unterstellt die Theorie rationales Verhalten. So entstand der Idealtypus des **homo oeconomicus**, der vollständig informiert ist und rational handelt. In den folgenden Abschnitten dieses Kapitels werden wir untersuchen, wie dieser homo oeconomicus disponiert, um sein Nutzenmaximum zu realisieren.

2.2 Bedürfnissituation
2.2.1 Nutzenfunktion

Analytisch werden Bedürfnisse in Form einer Nutzenfunktion dargestellt. Bei Beschränkung auf zwei Güter mit x_1 = Verbrauchsmenge des ersten Gutes und x_2 = Verbrauchsmenge des zweiten Gutes ordnet der Haushalt jeder Gütermengenkombination $(x_1; x_2)$ einen Nutzen U zu. Die **Nutzenfunktion U = f (x_1, x_2)** stellt also einen Zusammenhang zwischen Nutzengröße und Konsummengen her.

Problematisch ist die Skalierung des Nutzens. Bei einer **kardinalen Nutzenmessung** sind *Nutzendifferenzen quantifizierbar*; sie hat deswegen analytische Vorteile. Jedoch sind die Anforderungen an die menschliche Urteilskraft hier sehr hoch, und so begnügt man sich im allgemeinen mit **ordinaler Nutzenmessung**. Eine Ordinalskala erfordert lediglich die Angabe von *Rangordnungen*, ohne daß die Abstände zwischen verschiedenen Nutzen quantifiziert werden.

Damit die Nutzenfunktion analytisch verwendbar ist, werden in der **ordinalen Nutzentheorie** über sie fünf Annahmen gemacht:

1. **Prinzip der Nichtsättigung**, d.h. mit zunehmendem Konsum nimmt auch der Nutzen zu. Es gibt keine Konsummenge, ab der der Haushalt "gesättigt" ist und weiteren Konsum als Nutzenminderung wertet. Somit stiftet eine Gütermengenkombination, die von einem Gut mehr und vom anderen Gut nicht weniger enthält als eine zweite Gütermengenkombination, einen höheren Nutzen als diese. Für $U = f(x_1, \bar{x}_2)$ mit x_2 = konstant (konstante Größen werden im weiteren Text durch einen Querstrich über dem algebraischen Symbol gekennzeichnet) ergibt sich bei $\bar{x}_{21} > \bar{x}_{22} > \bar{x}_{23}$ (siehe linke Abbildung):

$$U_1 = f(x_1, \bar{x}_{21}) \quad > \quad U_2 = f(x_1, \bar{x}_{22}) \quad > \quad U_3 = f(x_1, \bar{x}_{23}).$$

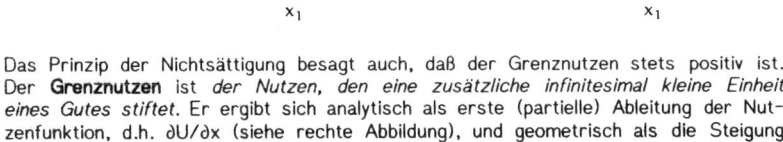

Das Prinzip der Nichtsättigung besagt auch, daß der Grenznutzen stets positiv ist. Der **Grenznutzen** ist *der Nutzen, den eine zusätzliche infinitesimal kleine Einheit eines Gutes stiftet.* Er ergibt sich analytisch als erste (partielle) Ableitung der Nutzenfunktion, d.h. $\partial U/\partial x$ (siehe rechte Abbildung), und geometrisch als die Steigung der Tangente an der Nutzenfunktion.

Grenznutzen
= Nutzen einer zusätzlichen, infinitesimal kleinen Einheit eines Gutes = $\dfrac{\partial U}{\partial x}$
= Steigung der Tangente an der Nutzenfunktion

2. **Prinzip des abnehmenden Grenznutzens**, d.h. mit zunehmender Konsummenge nimmt der Nutzenzuwachs ab. Der Nutzen wächst zwar, aber der zusätzliche Nutzen jeder zusätzlichen Konsumeinheit nimmt ab. Die zweite Ableitung der Nutzenfunktion ist negativ. Dieser Nutzenverlauf entspricht dem **1. Gossenschen Gesetz**. Für U_1, U_2 und U_3 ergibt sich bei $\bar{x}_{21} > \bar{x}_{22} > \bar{x}_{23}$:

$$\partial U_1/\partial x_1 \quad > \quad \partial U_2/\partial x_1 \quad > \quad \partial U_3/\partial x_1.$$

Wir haben bisher die Veränderung des Nutzens bei Variation der Gütermenge x_1 betrachtet; x_2 wurde konstant gesetzt. Dieselben Verläufe ergeben sich, wenn x_2 variiert und x_1 konstant gehalten wird. Fügt man diese zwei Nutzenfunktionen zu einer dreidimensionalen Abbildung zusammen, so entsteht ein **Nutzengebirge**, welches jeder Gütermengenkombination einen Nutzenwert zuordnet. Es gelten hier dieselben Annahmen wie bei partieller Betrachtung: Der Grenznutzen ist stets positiv, nimmt jedoch ab.

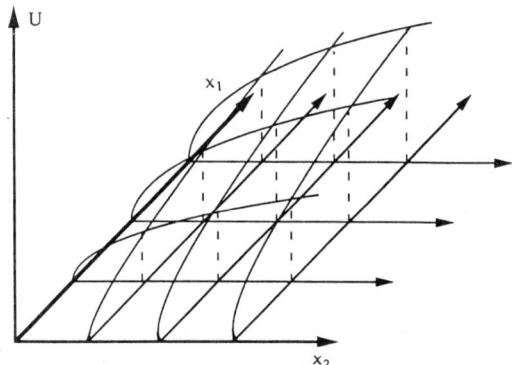

Ein parallel zur U-x_1-Ebene verlaufender vertikaler Schnitt ergibt die Nutzenfunktion U = f (x_1, $\overline{x}_2$). Ein parallel zur U-x_2-Ebene verlaufender vertikaler Schnitt ergibt entsprechend die Nutzenfunktion U = f ($\overline{x}_1$, x_2). Wenn wir das Nutzengebirge horizontal schneiden, entsteht eine Indifferenzkurve.

2.2.2 Indifferenzkurve

Eine **Indifferenzkurve** ist der *geometrische Ort aller Gütermengenkombinationen, die den gleichen Nutzen stiften*, denen gegenüber der Haushalt also indifferent (d.h. gleichgültig) ist. Für sie gilt $\overline{U}$ = f (x_1, x_2) = konstant. Rechts ist eine Indifferenzkurve abgebildet.

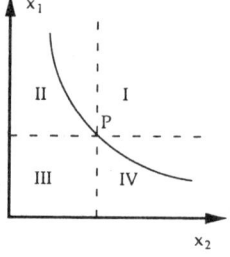

3. **Ordinale Vergleichbarkeit,** d.h. der Haushalt ist in der Lage, eine Gütermengenkombination einer anderen vorzuziehen (oder beide gleich zu bewerten). Im x_1-x_2-Diagramm ergeben sich somit ausgehend von einer Gütermengenkombination P vier Bereiche. Die Gütermengenkombinationen des Bereiches I stiften <u>höheren</u> Nutzen als P, weil immer von wenigstens einem Gut mehr konsumiert wird (1. Annahme). Aus demselben Grund stiften die Gütermengenkombinationen des Bereiches III <u>geringeren</u> Nutzen als P. Für die Bereiche II und IV kann keine eindeutige Aussage getroffen werden, weil hier Nutzenminderung und Nutzenerhöhung zusammentreffen. Die Indifferenzkurve muß also durch die Bereiche II und IV laufen, weil den Bereichen I und III ein höheres bzw. niedrigeres Nutzenniveau zugeordnet ist.

4. Transitivität (Konsistenz), d.h. die Rangfolge der Gütermengenkombinationen muß *widerspruchsfrei* sein. Wird eine Gütermengenkombination K_1 einer Gütermengenkombination K_2 vorgezogen und K_2 wiederum einer Kombination K_3, dann muß auch K_1 höheren Nutzen stiften als K_3.

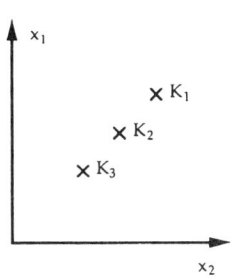

5. Abnehmende Grenzrate der Substitution. Durchlaufen wir die Indifferenzkurve von oben nach unten, so wird von Gut 2 mehr und von Gut 1 weniger konsumiert. Gut 1 wird durch Gut 2 substituiert (d.h. ersetzt). Weil auf der Indifferenzkurve ein konstantes Nutzenniveau vorliegt, muß die zusätzliche Menge x_2 so bemessen sein, daß der hierdurch gestiftete Nutzenzuwachs die Nutzenminderung aus dem verminderten Konsum des Gutes 1 genau kompensiert. Die **Grenzrate der Substitution** dx_1/dx_2 ist nun das *Verhältnis infinitesimal kleiner Mengenänderungen der Güter 1 und 2, die das Nutzenniveau unverändert belassen*. Graphisch entspricht die Grenzrate der Substitution der Steigung der Tangente an der Indifferenzkurve. Die Annahme einer abnehmenden Grenzrate der Substitution bedeutet nun, daß eine zusätzliche Einheit des Gutes 2 nur eine zunehmend kleinere Menge des Gutes 1 substituieren kann. Hieraus folgt eine konvexe, d.h. zum Ursprung gekrümmte Indifferenzkurve (Abbildung unten links).

Grenzrate der Substitution

= Austauschverhältnis zweier Güter bei konstantem Nutzenniveau

$$= \frac{\text{Abnahme des ersetzten Gutes}}{\text{Zunahme des ersetzenden Gutes}} = \frac{dx_1}{dx_2}$$

= Steigung der an die Indifferenzkurve gelegten Tangente

Grundsätzlich sind auch andere Verläufe möglich, welche aber die obigen Annahmen verletzen:

- Bei **vollständig substituierbaren Gütern** (vollkommenen Substituten) schneidet die Indifferenzkurve die Koordinatenachsen (Abbildung unten mitte). Das eine Gut kann dann - ohne Nutzenminderung - vollständig durch das andere Gut ersetzt werden.

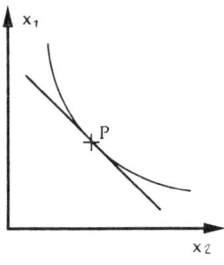
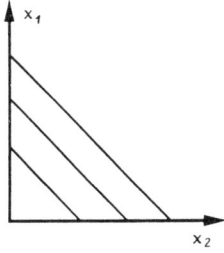
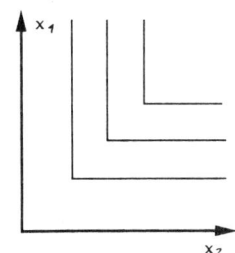

- Bei **komplementären Gütern** verläuft die zugehörige Indifferenzkurve rechteckig (Abbildung S. 11 unten rechts). Komplementäre Güter sind Güter, die sich ergänzen. Der Konsum des einen Gutes stiftet ohne den Konsum des zweiten Gutes keinen Nutzen (z.B. Tabak und Pfeife; mehr auf S. 17).

Die Grenzrate der Substitution kann auch mathematisch abgeleitet werden. Definitionsgemäß ist auf Indifferenzkurven der Nutzen konstant und somit die Nutzenänderung gleich null (1). Wird die Gütermenge x_1 variiert, so verändert sich der Nutzen nach Maßgabe des Grenznutzens $\partial U/\partial x_1$, gewichtet mit der Mengenänderung dx_1 (2). Die Summe der Nutzenänderungen aus Variation der Mengen x_1 und x_2 ergibt die gesamte Nutzenänderung (3), welche wegen (1) null sein soll. Umformungen führen zu (5).

$$(1) \quad dU = 0$$

$$(2) \quad dU = \frac{\partial U}{\partial x_1} \cdot dx_1$$

$$(3) \quad dU = \frac{\partial U}{\partial x_1} \cdot dx_1 + \frac{\partial U}{\partial x_2} \cdot dx_2 \overset{!}{=} 0$$

$$(4) \quad \frac{\partial U}{\partial x_1} \cdot dx_1 = - \frac{\partial U}{\partial x_2} \cdot dx_2$$

$$(5) \quad \boxed{\frac{dx_1}{dx_2} = - \frac{\partial U}{\partial x_2} : \frac{\partial U}{\partial x_1}} \qquad \text{Grenzrate der Substitution = (negatives) umgekehrtes Verhältnis der Grenznutzen}$$

Eine wichtige Folgerung aus den fünf Annahmen ist, daß *Indifferenzkurven sich nicht schneiden können* (Abbildung rechts). Die Gütermengenkombinationen P_1 und P_2 stiften den gleichen Nutzen, weil sie auf einer Indifferenzkurve liegen. Dasselbe gilt für P_2 und P_3. Aufgrund der Transitivitätsannahme haben folglich auch P_3 und P_1 den gleichen Nutzen. Das widerspricht jedoch der ersten Annahme, weil in P_1 sowohl die Gütermenge x_1 als auch die Gütermenge x_2 größer ist als in P_3.

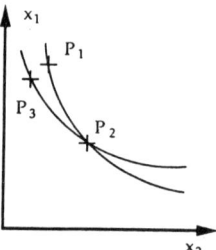

2.3 Budgetrestriktion

Die nun durch Nutzenfunktion und Indifferenzkurve beschriebenen Bedürfnisse können nur soweit befriedigt werden, wie sie durch das Einkommen (Budget) des Haushalts gedeckt sind. Diese Budgetbeschränkung ist in das x_1-x_2-Diagramm zu integrieren. Sehen wir von der Möglichkeit der Kreditaufnahme oder des Sparens ab, dann ist das Einkommen e gleich der Summe der Konsumausgaben (Konsumsumme) c, welche sich jeweils als Produkt aus Menge und Güterpreis ergeben (1). Nach x_1 aufgelöst entsteht die **Budgetgleichung** (Bilanzgleichung) (2).

(1) $e = c = p_1 \cdot x_1 + p_2 \cdot x_2$

(2) $x_1 = \dfrac{c}{p_1} - \dfrac{p_2}{p_1} \cdot x_2$

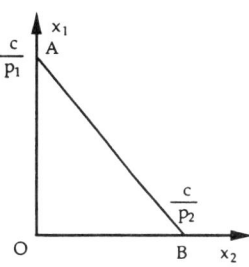

Geometrisch entspricht die Budgetgleichung einer Geraden. Diese **Budgetgerade** (Bilanzgerade) ist demnach der *geometrische Ort aller Gütermengen-kombinationen, die bei gegebener Konsumsumme und gegebenen Preisen für den Haushalt maximal reali-sierbar sind.* Wählt der Haushalt die Gütermenge x_2, dann zeigt die Bilanzgerade, welche Menge er von Gut 1 maximal konsumieren kann. Bei den Achsen-schnittpunkten A und B verwendet der Haushalt sein gesamtes Einkommen für des Gut der entsprechenden Achse. Im Schnittpunkt A z.B. wählt der Haushalt ausschließlich Gut 1. Wenn Punkte unterhalb der Budgetgeraden gewählt werden, schöpft der Haus-halt seine Konsummöglichkeiten nicht voll aus, d.h. er spart. Wichtig wird im weiteren sein, daß die Steigung der Budgetgeraden gleich dem (negativen) Preisverhältnis - p_2/p_1 ist (2).

2.4 Haushaltsgleichgewicht

Nun müssen wir die Frage beantworten, wann der Haushalt sich mit seinen Planungen im Gleichgewicht befindet. Ein **Gleichgewicht** liegt vor, wenn der Haushalt keine Ver-anlassung hat, seine Pläne zu revidieren. Das ist der Fall, wenn er bei gegebenem Ein-kommen und gegebenen Preisen sein Nutzenmaximum erreicht.

Zur Bestimmung des Nutzenmaximums führen wir Indifferenzkurve und Budgetgerade in einer Abbildung zusammen. Der Haushalt wird versuchen, eine mög-lichst hoch liegende Indifferenzkurve zu erreichen, weil das Nutzenniveau umso höher ist, je höher die Indifferenzkurve liegt. *Das Nutzenmaximum ist er-reicht, wenn die Indifferenzkurve die Budgetgerade tangiert (d.h. berührt).* Eine höhere Indifferenzkurve ist wegen der Budgetrestriktion nicht erreichbar.

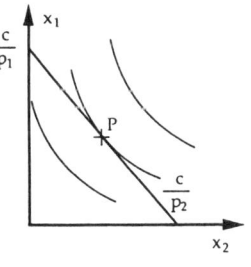

Nochmals: Mit Indifferenzkurven wird eine lediglich *ordinale* Nutzenfunktion dargestellt, d.h. eine "höhe-re" Indifferenzkurve ist mit mehr Nutzen verbunden als eine niedrigere (Rangfolge); offen bleibt, um wie-viel der Nutzen höher ist.

Im Tangentialpunkt P von Budgetgeraden und Indifferenzkurve entsprechen sich die Steigung der Budgetgeraden und die Steigung der Indifferenzkurve. Weil die Steigung der Budgetgeraden gleich dem negativen Güterpreisverhältnis ist (siehe oben) und die Steigung der Indifferenzkurve der Grenzrate der Substitution entspricht (vgl. S. 11), gilt im **Haushaltsgleichgewicht:**

$$\frac{dx_1}{dx_2} = -\frac{p_2}{p_1}$$ **Grenzrate der Substitution = (negatives) umgekehrtes Preisverhältnis**

Das negative Vorzeichen ist mathematisch notwendig, weil der Term dx_1/dx_2 stets negativ ist, das Verhältnis zweier positiver Preise p_2/p_1 aber stets positiv. Für das Verständnis des weiteren Textes sind die Vorzeichen aber unerheblich.

Das Haushaltsgleichgewicht können wir auch mathematisch ableiten. Unter der Nebenbedingung, lediglich ein gegebenes Budget (1) ausschöpfen zu können, muß dann die Nutzenfunktion U (x_1, x_2) maximiert werden. Dies geschieht mit der *LAGRANGE-Funktion* (2), die zu maximieren ist.

Das **LAGRANGE-Verfahren** wird zur Extremierung (Minimierung oder Maximierung) einer Zielfunktion unter Nebenbedingungen verwendet, wenn die Nebenbedingungen <u>Gleichungen</u> sind; es ergänzt damit die Verfahren der **linearen Programmierung**, bei denen die Nebenbedingungen <u>Ungleichungen</u> sind. Außerdem sind beim LAGRANGE-Verfahren auch nichtlineare Zielfunktionen und Nebenbedingungen möglich.

Das Maximum der LAGRANGE-Funktion wird durch Nullsetzen der drei partiellen Ableitungen (3-5) ermittelt. Durch Gleichsetzen von (6) und (7) wird der *LAGRANGE-Multiplikator* λ eliminiert (8). Aus (8) und Gleichung (5) aus S. 12 erhalten wir mit (9) die obige geometrisch abgeleitete Bedingung für das Vorliegen eines Nutzenmaximums, allerdings in einer erweiterten Form.

(1) $c = p_1 \cdot x_1 + p_2 \cdot x_2$

(2) $L = U(x_1, x_2) - \lambda \cdot (c - p_1 \cdot x_1 - p_2 \cdot x_2) \longrightarrow$ max.!

(3) $\dfrac{\partial L}{\partial x_1} = \dfrac{\partial U}{\partial x_1} + \lambda p_1 \overset{!}{=} 0$ (4) $\dfrac{\partial L}{\partial x_2} = \dfrac{\partial U}{\partial x_2} + \lambda p_2 \overset{!}{=} 0$

(5) $\dfrac{\partial L}{\partial \lambda} = c - p_1 \cdot x_1 - p_2 \cdot x_2 \overset{!}{=} 0$

(6) $\lambda = -\dfrac{\partial U}{\partial x_1} : p_1$ (7) $\lambda = -\dfrac{\partial U}{\partial x_2} : p_2$

(8) $-\dfrac{\partial U}{\partial x_1} : p_1 = -\dfrac{\partial U}{\partial x_2} : p_2$

(9) $-\dfrac{p_2}{p_1} = -\dfrac{\dfrac{\partial U}{\partial x_2}}{\dfrac{\partial U}{\partial x_1}} = \dfrac{dx_1}{dx_2}$ **(negatives) umgekehrtes Preisverhältnis** = (neg.) umgekehrtes Verhältnis der Grenznutzen = **Grenzrate der Substitution**

2.5 Nachfragefunktion

Mit den bisher eingeführten Instrumenten wollen wir nun das **Nachfrageverhalten** des Haushalts untersuchen. Die bisherige Prämisse gegebenen Einkommens und gegebener

Preise wird dazu aufgehoben. Die Nachfrage des Haushalts ist somit abhängig von den Preisen p_1 und p_2 sowie vom Einkommen e (= Konsumsumme c; die Ersparnis wird vernachlässigt). Die allgemeine **mikroökonomische Nachfragefunktion** lautet dann für Gut 1: $x_1 = x_1 (p_1, p_2, e)$.

Die Nachfrage nach Gut 1 wird nun untersucht, indem jeweils ein Parameter (p_1, p_2 oder e) als variabel unterstellt wird, während die beiden übrigen Parameter als konstant angenommen werden. Eine solche Verhaltensweise wird als **ceteris-paribus-Betachtung** ("übrige konstant"; c.p.) bezeichnet; d.h. es wird gefragt, wie sich die isolierte Änderung einer von mehreren Variablen auswirkt, um ein komplexes Problem zerlegen zu können. In diesem Fall entstehen folglich drei Klassen von Nachfragefunktionen.

2.5.1 Preis-Konsum-Kurve I

Zunächst untersuchen wir die Nachfrage nach Gut 1 in Abhängigkeit vom Preis des Gutes 1. Der Preis des Gutes 2 sowie das Einkommen sind konstant: $x_1 = x_1 (p_1, \bar{p}_2, \bar{e})$ $= x_1(p_1)$. Graphisch entspricht die Variation des Preises p_1 einer Drehung der Budgetgeraden um den Punkt $x_2 = e/p_2$. Wenn der Preis von p_{11} auf p_{13} steigt, dreht sich die Budgetgerade nach links, weil die Preissteigerung die Konsummöglichkeiten verringert. Jedem Preis p_1 ist also eine eigene Budgetgerade zugeordnet, und jede Budgetgerade verfügt wiederum über einen eigenen Tangentialpunkt mit einer Indifferenzkurve. Wenn man die sich für jede Budgetgerade ergebenden optimalen Verbrauchsmengen x_1 in ein neues Diagramm überträgt (linke Hälfte), entsteht eine **Preis-Konsum-Kurve**, welche die Verbrauchsmenge x_1 in Abhängigkeit vom Preis p_1 abbildet.

Grundsätzlich sind drei Fälle möglich:

1. Für die Preis-Konsum-Kurve in der Abbildung unten gilt: $p_{11} < p_{12} < p_{13} \rightarrow x_{11} > x_{12}$ $> x_{13}$. Dieses Nachfrageverhalten wird als **Normalfall** bezeichnet, weil die Verbrauchsmenge mit steigendem Preis des Gutes sinkt.

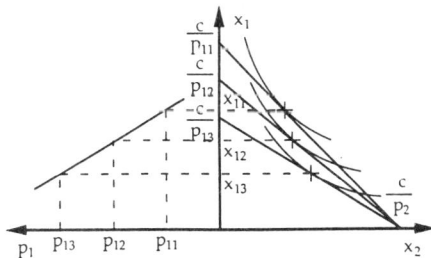

Der Zusammenhang zwischen Nachfragemenge und Preis wird in der Mikroökonomie mit dem Maß der **Preiselastizität der Nachfrage** beschrieben.

Grundsätzlich ist die **Elastizität** $\eta_{a,b}$ (Eta) das *Verhältnis der relativen Veränderung einer abhängigen Variablen a zur relativen Veränderung einer unabhängigen Variablen b*, d.h. die relative (prozentuale) Änderung von a (= da/a) ist durch die relative (prozentuale) Änderung von b (= db/b) zu dividieren. Im Index steht die abhängige Variable zuerst.

Bei der Preiselastizität der Nachfrage ist x abhängig und p unabhängig:

$$\eta_{x,p} = \frac{\frac{dx}{x}}{\frac{dp}{p}} = \frac{dx}{dp} \cdot \frac{p}{x}$$

Preiselastizität der Nachfrage
= Verhältnis der relativen Veränderung der Nachfrage zur relativen Preisänderung

Beispiel: Eine Preiserhöhung von DM 20,-- auf DM 25,-- führt zu einem Rückgang der Nachfrage von 5.000 Stück auf 3.000 Stück. Wie groß ist $\eta_{x,p}$?

Relative Preisänderung: (DM 25,-- - DM 20,--)/DM 20,-- = 0,25 = **25 %**; relative Änderung der Nachfragemenge: (3.000 Stück - 5.000 Stück)/5.000 Stück = - 0,4 = **- 40 %**; Preiselastizität der Nachfrage: -0,4/0,25 = - 40 %/25 % = **-1,6** (vernachlässigt wird, daß die Änderungen hier nicht infinitesimal klein sind).

Der Vorteil der Elastizität liegt in ihrer Dimensionslosigkeit. Die Ergebnisse sind universell vergleichbar, unabhängig davon, ob z.B. in Gramm, Tonnen, Stück oder Liter gemessen wird. Bei Elastizitäten werden vier Wertebereiche unterschieden:

$\eta = 0$ vollkommen unelastisch
$-1 \le \eta < 0, \ 0 < \eta \le 1$ unelastisch
$-\infty < \eta < -1, \ 1 < \eta < \infty$ elastisch
$-\infty, \ \infty$ vollkommen elastisch

Im ersten Fall normaler Reaktion der Nachfrage auf Preisänderungen ergibt sich eine negative Preiselastizität der Nachfrage: $\eta_{x1, p1} < 0$, d.h. bei einer Preis<u>erhöhung</u> <u>sinkt</u> die Nachfrage und umgekehrt.

2. Für die folgende Preis-Konsum-Kurve gilt: $p_{11} < p_{12} < p_{13} \longrightarrow x_{11} = x_{12} = x_{13}$. Die Nachfrage ist hier unabhängig von Preisänderungen; trotz steigender Preise bleibt die Nachfrage konstant (**Preisunabhängigkeitsfall**). Deswegen gilt auch $\eta_{x1, p1} = 0$.

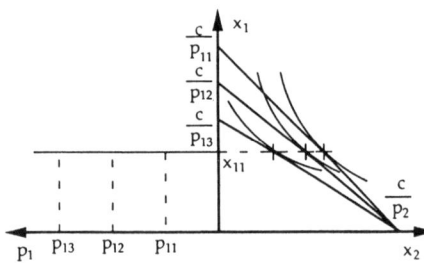

3. Hier gilt: $p_{11} < p_{12} < p_{13} \longrightarrow x_{11} < x_{12} < x_{13}$. In diesem Fall steigt die Nachfrage mit steigendem Preis. Anschaulich wird dieses Verhalten als **Snob-Effekt** bezeichnet. Die Preiselastizität der Nachfrage ist nun positiv: $\eta_{x1, p1} > 0$.

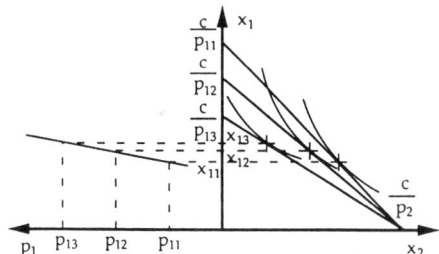

2.5.2 Preis-Konsum-Kurve II

Nun soll die Nachfrage nach Gut 1 in Abhängigkeit vom Preis des Gutes 2 untersucht werden. Das Einkommen und p_1 sind konstant: $x_1 = x_1(\overline{p_1}, p_2, \overline{e}) = x_1(p_2)$. In der graphischen Darstellung dreht sich die Budgetgerade nun um den Punkt $x_1 = e/p_1$. Wie im vorhergehenden Abschnitt wird auch hier die Preis-Konsum-Kurve abgeleitet, allerdings mit dem Unterschied, daß auf der Abszisse der Preis p_2 abgetragen ist.

Ein weiterer terminologischer Unterschied wird in der Elastizitätsanalyse gemacht. Weil nun der Zusammenhang zwischen Nachfrage nach Gut 1 und Preis von Gut 2, also quasi "über Kreuz" gemessen wird, spricht man hier von Kreuzpreiselastizität. Die **Kreuzpreiselastizität** mißt die Veränderung der Nachfrage nach dem Gut 1, wenn der Preis eines anderen Gutes 2 variiert wird.

$$\eta_{x_1, p_2} = \frac{\dfrac{dx_1}{x_1}}{\dfrac{dp_2}{p_2}}$$

Kreuzpreiselastizität
= Verhältnis der relativen Veränderung der Nachfrage nach einem Gut zur relativen Preisänderung eines anderen Gutes

Wiederum existieren drei Fälle:

1. Für die folgende Preis-Konsum-Kurve (Abbildung S. 18 oben) gilt: $p_{21} < p_{22} < p_{23}$ $\rightarrow x_{11} > x_{12} > x_{13}$. Wenn der Preis für Gut 2 steigt, sinkt die Nachfrage nach Gut 1. Hier liegt **Komplementarität** der beiden Güter vor (z.B. Auto und Benzin). Wenn der Preis für Benzin steigt, sinkt die Nachfrage nach Autos, weil das Gut Auto nur komplementär (sich gegenseitig ergänzend) zum Gut Benzin konsumiert werden kann. Die Kreuzpreiselastizität komplementärer Güter ist negativ: $\eta_{x_1, p_2} < 0$.

2. Beim folgenden Verlauf (Abbildung S. 18 mitte) gilt: $p_{21} < p_{22} < p_{23} \rightarrow x_{11} = x_{12} = x_{13}$. Die Nachfrage nach Gut 1 ist unabhängig von Variationen des Preises p_2; die beiden Güter sind unabhängig **(Normalfall)**. Es gilt $\eta_{x_1, p_2} = 0$.

3. Im letzten Fall (Abbildung S. 18 unten) gilt: $p_{21} < p_{22} < p_{23} \rightarrow x_{11} < x_{12} < x_{13}$. Bei

steigendem Preis des Gutes 2 steigt die Nachfrage nach Gut 1. Das teurer werdende Gut 2 wird durch das nun relativ billigere Gut 1 ersetzt (z.B. bei Butter und Margarine). Diese Beziehung wird deswegen auch als **Substitutionalität** bezeichnet. Die Kreuzpreiselastizität ist hier positiv: $\eta_{x_1, p_2} > 0$.

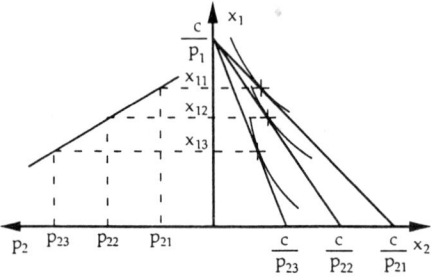

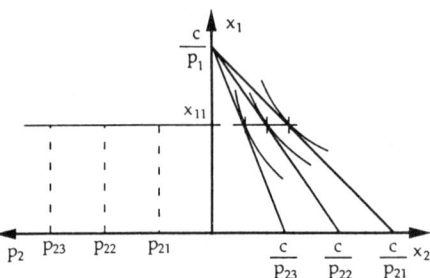

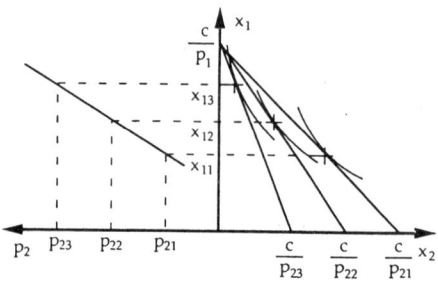

2.5.3 Einkommens-Konsum-Kurve

Schließlich wollen wir die Nachfrage nach Gut 1 in Abhängigkeit vom Einkommen betrachten. Die Preise p_1 und p_2 sind konstant: $x_1 = x_1 (\bar{p}_1, \bar{p}_2, e) = x_1(e)$. Geometrisch ist eine Veränderung des Einkommens als Parallelverschiebung der Budgetgeraden erkennbar, weil die Steigung der Budgetgeraden gleich dem (negativen) Preisverhältnis ist und das Preisverhältnis hier konstant bleibt. Die Kurve, welche die Nachfragemenge x_1 in Abhängigkeit vom Einkommen abbildet, heißt **Einkommens-Konsum-Kurve**.

Der Zusammenhang zwischen Einkommensänderungen und Nachfrageänderungen wird mit der **Einkommenselastizität der Nachfrage** gemessen. Diese setzt die relative Veränderung der Nachfrage ins Verhältnis zur relativen Veränderung des Einkommens.

$$\eta_{x_1, e} = \frac{\frac{dx_1}{x_1}}{\frac{de}{e}}$$

Einkommenselastizität der Nachfrage
= Verhältnis der relativen Veränderung der Nachfrage zur relativen Veränderung des Einkommens

Auch bei diesem Typ von Nachfragefunktionen sind drei Fälle zu unterscheiden.

1. Im ersten Fall gilt: $e_1 < e_2 < e_3 \longrightarrow x_{11} < x_{12} < x_{13}$. Eine Einkommenserhöhung hat die Ausweitung der Nachfrage zur Folge. Güter, die mit steigendem Einkommen verstärkt nachgefragt werden, nennt man **superiore Güter**. Die Einkommenselastizität der Nachfrage ist bei superioren Gütern positiv: $\eta_{x_1, e} > 0$.

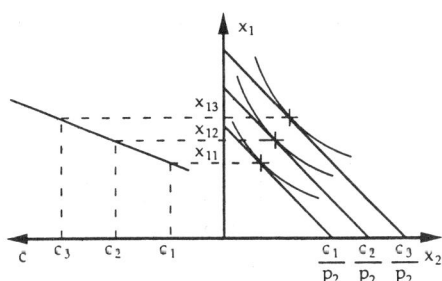

2. Im zweiten Fall (Abbildung S. 20 oben) gilt: $e_1 < e_2 < e_3 \longrightarrow x_{11} = x_{12} = x_{13}$. Hier reagiert die Nachfrage nicht auf Veränderungen des Einkommens (**einkommensunabhängige Güter**). Die Einkommenselastizität der Nachfrage ist null: $\eta_{x_1, e} = 0$.

3. Im dritten Fall (Abbildung S. 20 mitte) gilt: $e_1 < e_2 < e_3 \longrightarrow x_{11} > x_{12} > x_{13}$. Mit steigendem Einkommen sinkt die Nachfrage bzw. mit sinkendem Einkommen steigt die Nachfrage. Dieses Nachfrageverhalten kann bei Gütern des Grundnahrungsbedarfs beobachtet werden. So werden geringwertige Nahrungsmittel bei steigendem Einkommen gegen höherwertige Nahrungsmittel substituiert. Solche Güter werden **inferiore Güter** genannt. Ihre Einkommenselastizität ist negativ: $\eta_{x_1, e} < 0$.

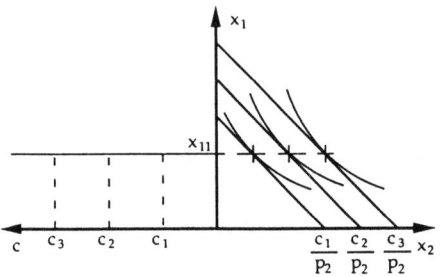

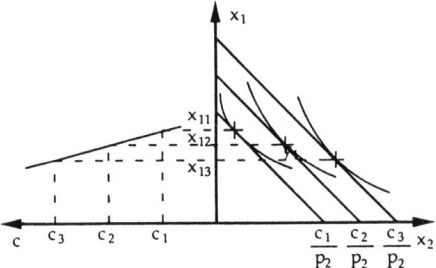

Insgesamt wurden drei verschiedene Typen von Nachfragefunktionen dargestellt, indem jeweils p_1, p_2 oder e als variabel angenommen wurden. Diesen drei Typen wurden wiederum jeweils drei grundsätzliche Verläufe der Nachfragefunktion zugeordnet. Zusammen ergeben sich die folgenden neun Verläufe:

Preis-Konsum-Kurve I	Preis-Konsum-Kurve II	Einkommens-Konsum-Kurve
1. Normalfall $\eta_{x_1, p_1} < 0$	1. Komplemente $\eta_{x_1, p_2} < 0$	1. Superiore Güter $\eta_{x_1, e} > 0$
2. Unabhängigkeitsfall $\eta_{x_1, p_1} = 0$	2. Normalfall $\eta_{x_1, p_2} = 0$	2. Eink.unabhängige Güter $\eta_{x_1, e} = 0$
3. Snob-Effekt $\eta_{x_1, p_1} > 0$	3. Substitute $\eta_{x_1, p_2} > 0$	3. Inferiore Güter $\eta_{x_1, e} < 0$

2.5.4 Aggregierte Nachfragefunktion

Bisher hatten wir die Nachfragefunktion eines einzelnen Haushalts untersucht. Um das Nachfrageverhalten zu ermitteln, das auf dem gesamten Markt des betrachteten Gutes herrscht, müssen nun die am Markt vorhandenen Einzelnachfragen zusammenfaßt werden. Zu dieser **aggregierten Nachfragefunktion** gelangt man, indem die individuellen Nachfragefunktionen horizontal addiert werden. Dies ist in der Abbildung für zwei Haushalte dargestellt.

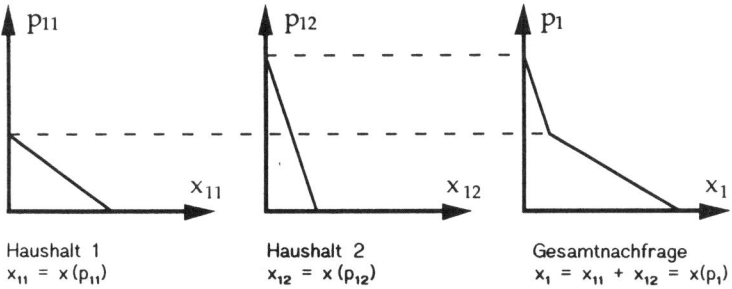

Haushalt 1
$x_{11} = x(p_{11})$

Haushalt 2
$x_{12} = x(p_{12})$

Gesamtnachfrage
$x_1 = x_{11} + x_{12} = x(p_1)$

3 Theorie der Unternehmung
3.1 Produktionssektor

Wir beenden nun die Untersuchung des Haushalts und wenden uns dem volkswirtschaftlichen Gegenstück, dem Unternehmen, zu. Unternehmen agieren in folgenden Bereichen:

- Sie fragen Produktionsfaktoren auf den *Faktormärkten* nach,

- setzen diese Faktoren in einer bestimmten Kombination im *Produktionsprozeß* ein und

- bieten die so produzierten Güter am *Gütermarkt* an.

Hierbei muß entschieden werden, welche Faktormengen eingesetzt werden und welche Gütermengen produziert werden sollen. Als Entscheidungsregel wird das **ökonomische Prinzip** (Rationalprinzip, Wirtschaftlichkeitsprinzip) unterstellt, das in zwei Formen existiert:

1. *Maximalprinzip,* d.h. Maximierung der Outputmenge bei gegebener Inputmenge oder

2. *Minimalprinzip,* d.h. Minimierung der Inputmenge bei gegebener Outputmenge.

Die Entscheidung über die optimale Produktion vollzieht sich im Rahmen des spezifischen Produktionsprozesses des jeweiligen Unternehmens. Deswegen werden zunächst in Abschnitt 3.2 die Instrumente zur Beschreibung dieser technischen Bedingungen der Produktion dargestellt. Untersuchungsgegenstand sind die Input- und Outputmengen.

Die Produktionsentscheidung des Unternehmens ist jedoch nicht an Mengen, sondern an Werten orientiert. Deswegen müssen die Inputmengen (Faktoreinsatzmengen) r_i mit den zugehörigen Faktorpreisen q_i bewertet werden; daraus ergeben sich die Kosten K. Diese monetären Bedingungen der Produktion werden in Abschnitt 3.3 untersucht.

Ziel des Unternehmens ist die **Gewinnmaximierung.** Aus diesem Grund wird anschließend (vgl. Abschnitt 3.4) die Absatzseite des Unternehmens betrachtet, indem der Output y mit dem Güterpreis p bewertet wird. Dies ergibt den Erlös E. Der Gewinn wird dann als Differenz zwischen Erlösen und Kosten maximiert.

3.2 Technische Bedingungen der Produktion

3.2.1 Produktionsfunktionen

Im folgenden wird von einem Unternehmen ausgegangen, das nur ein Gut produziert und hierfür zwei Produktionsfaktoren einsetzt. Analysiert wird die Beziehung zwischen den Faktoreinsatzmengen r_1, r_2 und der Produktionsmenge y (Ausbringung, Ertrag, Output) auf der Grundlage einer **Produktionsfunktion**, die jeder Faktoreinsatzmenge eine bestimmte Produktionsmenge zuordnet: $y = f(r_1, r_2)$.

Ein entscheidender Unterschied zur Nutzenfunktion ist, daß es verschiedene Arten von Produktionsfunktionen gibt. Die ertragsgesetzliche, COBB-DOUGLAS- und limitationale Produktionsfunktion wollen wir nun darstellen.

3.2.1.1 Ertragsgesetzliche Produktionsfunktion

Diese wohl älteste Produktionsfunktion beruht auf Beobachtungen in der Landwirtschaft und wurde von TURGOT (1727-1781) als **Gesetz vom abnehmenden Bodenertrag** (Ertragsgesetz) formuliert. TURGOTs Beobachtungen zeigten, daß durch verstärkten Arbeitseinsatz oder Düngung die landwirtschaftliche Produktion zunächst gesteigert werden kann, ab einem gewissen Faktoreinsatz aber absolut abnimmt.

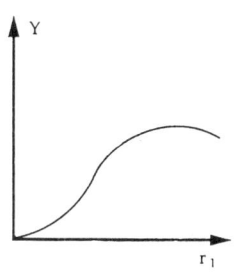

Bei Beschränkung auf die Variation der Einsatzmenge des Faktors 1 r_1 bei Konstanz der Einsatzmenge des Faktors 2 r_2 ergibt sich der nebenstehende Verlauf der Produktionsmenge y. Charakteristisch ist der S-förmige Verlauf der ertragsgesetzlichen Produktionsfunktion: Der Ertrag steigt zunächst an und erreicht dann ein Maximum, ab dem der Ertrag *trotz erhöhtem Faktoreinsatz* sinkt. Weil hier lediglich einer der beiden Produktionsfaktoren variiert wird, spricht man von **partieller Faktorvariation** (ceteris-paribus-Betrachtung!). Werden die Einsatzmengen beider Produktionsfaktoren gleichzeitig verändert, so nennt man dies **totale Faktorvariation.** Für ihre graphische Darstellung ist ein dreidimensionales Koordinatensystem erforderlich; es entsteht das folgende **Ertragsgebirge**:

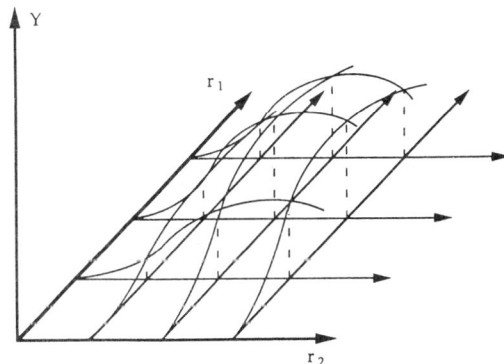

Für das Ertragsgebirge werden lediglich die bei partieller Faktorvariation entstehenden Ertragskurven zu einer dreidimensionalen Graphik zusammengefügt (vgl. die analoge Darstellung der Nutzengebirge in Abschnitt 2.2.1).

3.2.1.2 COBB-DOUGLAS-Produktionsfunktion

Die von COBB und DOUGLAS im Jahr 1928 entwik-
kelte COBB-DOUGLAS- oder kurz CD—Produktionsfunktion (Abbildung rechts) hat ebenfalls große
Bedeutung in der Nationalökonomie, insbesondere in
der Makroökonomik. Dies beruht auf einer Reihe von
Eigenschaften, die wir später noch ansprechen
werden. Im Gegensatz zur ertragsgesetzlichen
Produktionsfunktion existiert kein Maximum, d.h.
eine Erhöhung des Einsatzmenge eines Faktors führt
immer zu einer höheren Ausbringung. Der durch
zunehmenden Faktoreinsatz erzielte Ertragszuwachs
nimmt jedoch ab; wenn z.B. die Einsatzmenge eines

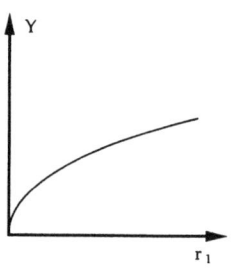

Faktors verdoppelt wird, steigt der Ertrag um we-
niger als das Doppelte. Die COBB-DOUGLAS-Produktionsfunktion lautet (in der üblicher-
weise verwendeten allgemeinen Form) $y = a \cdot r_1^{\alpha} \cdot r_2^{1-\alpha}$, wobei a und α beliebige
Konstanten sind mit a > 0 und 0 < α < 1. Das Ertragsgebirge hat die folgende Form:

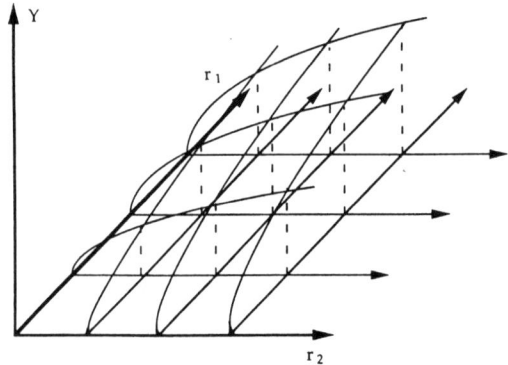

3.2.1.3 Limitationale Produktionsfunktion

Bei der limitationalen Produktionsfunktion sollten die Faktoren in einem bestimmten Einsatzverhältnis stehen; denn der Ertrag steigt hier nur, wenn beide Faktoren vermehrt
eingesetzt werden. Dies gilt allerdings nicht, wenn ein Faktor im Überschuß vorhanden
ist (Überschußfaktor, z.B. Faktor 2); dann reicht eine höhere Einsatzmenge des anderen Faktors (Mangelfaktor, z.B. Faktor 1) aus, um einen höheren Ertrag y zu erzielen.
Dies gilt solange, bis der Überschuß des Faktors 2 verbraucht ist. Jede weitere
Erhöhung der Einsatzmenge des Faktors 1 erhöht den Ertrag nicht, d.h. dann limitiert
die Einsatzmenge des zweiten Produktionsfaktors 2 (neuer Mangelfaktor) die Ausbrin-

gung y. Die Ertragskurve ist deswegen geknickt.
Eine weitere Steigerung der Ausbringung ist nur
durch erhöhten Einsatz beider Faktoren möglich.
Effizient ist die Produktion nur, wenn kein Faktor
verschwendet wird (kein Überschußfaktor), d.h. das
"richtige" Einsatzverhältnis wird eingehalten. Wenn
dieses Einsatzverhältnis stets konstant ist, liegt eine
linear-limitationale Produktionsfunktion vor (vgl.
S. 32); derartige Produktionsfunktionen sind typisch
für industrielle Produktionsverhältnisse. Sie wurden
erstmalig von LEONTIEF 1936 in seinem grundlegenden Werk zur Input-Output-Analyse untersucht
und werden deswegen auch **LEONTIEF-Produktions-
funktionen** genannt.

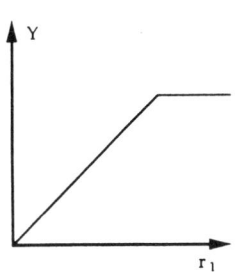

Beispiel: Ein Orchester brauche zur Steigerung seiner Lautstärke (= Ertrag y) nicht
nur einen neuen Geiger (= Faktor 1), sondern auch ein Instrument für ihn (= Faktor
2). Sind noch 10 Geigen vorhanden, können noch 10 Geiger eingestellt werden, ohne
daß neue Instrumente angeschafft werden müssen.

3.2.2 Isoquanten

Die Isoquanten entsprechen den Indifferenzkurven in
der Haushaltstheorie. Dort wurden allerdings Güter-
kombinationen mit *konstantem Nutzenniveau* zu einer
Kurve zusammengefaßt; hier werden Kombinationen
von Produktionsfaktoren, die eine *konstante Ausbringung* erzielen, zusammengefaßt. Eine **Isoquante** ist
also der *geometrische Ort aller Faktorkombinationen,
die gleichen Ertrag erbringen*. Graphisch wird eine
Isoquante ermittelt, indem ein horizontaler Schnitt
(d.h. y = konstant) durch das Ertragsgebirge gelegt
wird. Wenn dies für mehrere Ausbringungsmengen
geschieht, entsteht eine **Isoquantenschar**. Rechts ist
eine Isoquantenschar auf der Grundlage einer CD-
Produktionsfunktion dargestellt.

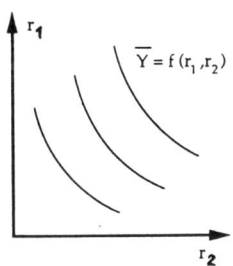

3.2.3 Analyse der technischen Bedingungen der Produktion

Die in Abschnitt 3.2.1 vorgestellten Produktionsfunktionen wollen wir nun mit geeigneten
Instrumenten beschreiben. Hierzu werden *vier Arten der Änderung des Faktoreinsatzes* unterschieden, die zunächst anhand des Isoquantenschemas vorgestellt und dann
umfassend untersucht werden.

- **Partielle Faktorvariation** liegt vor, wenn die Einsatzmenge eines Faktors verändert wird, während die Einsatzmenge des zweiten Faktors konstant bleibt. Untersucht wird die Wirkung auf die Ausbringung y.

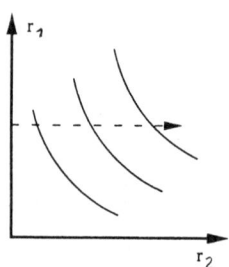

- Bei **proportionaler Faktorvariation** werden die Einsatzmengen beider Faktoren im gleichen Verhältnis erhöht. So bleibt das *Mischungsverhältnis* der eingesetzten Faktoren konstant, und es wird lediglich das Niveau des Faktoreinsatzes variiert, weshalb auch von **Niveauvariation** gesprochen wird. Untersucht wird ebenfalls die Wirkung auf die Ausbringung.

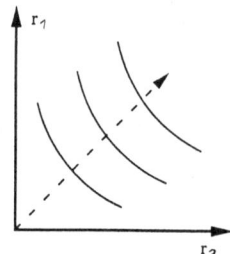

- **Isoquante Faktorvariation** liegt vor, wenn das Mischungsverhältnis der Faktoreinsätze bei konstanter Ausbringung verändert wird. Geometrisch liegt eine Bewegung auf der Isoquante vor; in der Abbildung wird Faktor r_1 durch Faktor r_2 substituiert. Die Ertragsminderung aufgrund des Mindereinsatzes von r_1 entspricht hierbei genau dem Ertragszuwachs aufgrund des Mehreinsatzes von r_2, so daß der Gesamtertrag konstant bleibt.

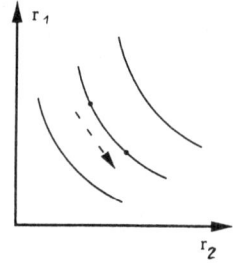

- Bei der **isoklinen Faktorvariation** wird unter Beibehaltung der Isoquantensteigung die Ausbringung verändert. Die isokline Faktorvariation wird hier wegen ihrer geringeren Bedeutung nicht weiter untersucht.

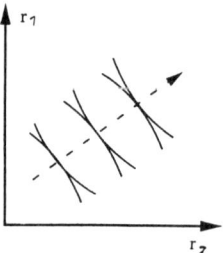

3.2.3.1 Partielle Faktorvariation

Bei partieller Faktorvariation sind Durchschnittsproduktivität, Grenzproduktivität und Produktionselastizität zu untersuchen. Anschließend werden diese Maße auf die ertragsgesetzliche und die COBB-DOUGLAS-Produktionsfunktion angewendet.

Die **Durchschnittsproduktivität** DP (Durchschnittsertrag) bezeichnet den Ertrag, den eine Einheit Faktoreinsatz durchschnittlich erwirtschaftet. Algebraisch wird sie durch die *Division des Ertrags durch die Faktoreinsatzmenge* ermittelt: DP = y/r. Geometrisch entspricht sie deswegen der *Steigung des Fahrstrahls*, der im y-r-Diagramm – ausgehend vom Nullpunkt – durch den Produktionspunkt gelegt wird. (Dies beruht auf der Definition der Steigung einer Geraden in der Geometrie: Steigung = Ordinatenwert durch Abszissenwert, oder anschaulich y-Wert auf eine Einheit x-Wert.)

Die **Grenzproduktivität** GP (Grenzertrag, Ertragszuwachs) ist gleich der Veränderung des Ertrags, wenn der Faktoreinsatz um eine infinitesimal kleine Einheit erhöht wird. Mathematisch entspricht sie der *Ableitung der Produktionsfunktion* nach dem interessierenden Faktor (z.B. r_1) bei Konstanz des anderen Faktors:

$$\text{Grenzproduktivität} = \frac{\partial y}{\partial r_1} = \frac{\partial y(r_1, \bar{r}_2)}{\partial r_1} \qquad \text{mit } r_2 = \text{konstant}$$

Weil die erste Ableitung einer Funktion deren Steigung angibt, läßt sich der Grenzertrag geometrisch als *Steigung der Kurve in einem Punkt* deuten, also als die Steigung der betreffenden Tangente.

Bei der **Produktionselastizität** $\eta_{y,r}$ (Eta) wird wiederum (vgl. S. 15 f.) die relative Veränderung einer abhängigen Variablen (Ertrag y) zur relativen Veränderung einer unabhängigen Variablen (Faktoreinsatzmenge r) ins Verhältnis gesetzt. Der Wert der Produktionselastizität kann interpretiert werden als die x-prozentige Veränderung der Ausbringung bei Erhöhung des Einsatzes des Faktors um 1 %. Die Produktionselastizität ermöglicht, die Ertragseigenschaften einer Produktionsfunktion unabhängig von unterschiedlichen Mengeneinheiten (Kilogramm, Liter, Stück) allgemein zu beschreiben.

$$\eta_{y,r} = \frac{\partial y/y}{\partial r/r} = \frac{\partial y}{y} \cdot \frac{r}{\partial r}$$
$$= \frac{\partial y}{\partial r} \cdot \frac{r}{y} = \frac{\partial y}{\partial r} \cdot \frac{y}{r}$$

Produktionselastizität
= Verhältnis der relativen Veränderung des Ertrags zur relativen Veranderung des Faktoreinsatzes

Weil ∂y/∂r die Grenzproduktivität und y/r die Durchschnittsproduktivität des Faktors r ist, kann $\eta_{y,r}$ auch als *Verhältnis von Grenz- und Durchschnittsproduktivität* bzw. geometrisch als *Quotient aus Tangenten- und Fahrstrahlsteigung* beschrieben werden.

Betrachten wir bei der **ertragsgesetzlichen Produktionsfunktion** (vgl. S. 23) die Verläufe der Kurven des Ertrags, der Grenzproduktivität und der Durchschnittsproduktivität, dann können **vier Bereiche** unterschieden werden (Abbildungen nächste Seite links).

I. *Ertrag, Durchschnittsproduktivität und Grenzproduktivität sind positiv und steigen.* Eine Ausweitung der Produktion ist in technischer Hinsicht sinnvoll, weil je eingesetzter Faktoreinheit ein höherer Ertrag produziert werden kann; $\eta_{y,r} > 1$.

II. *Ertrag und Durchschnittsproduktivität steigen, während die Grenzproduktivität bereits abnimmt.* Auch hier ist eine Ausweitung der Produktion sinnvoll, weil die Durchschnittsproduktivität noch gesteigert werden kann. Anschaulich ist dies im positiven Abstand von Grenz- und Durchschnittsproduktivitätskurve. Dieser Abstand entspricht dem Ertrag, den eine zusätzlich eingesetzte Faktoreinheit über das Durchschnittsprodukt hinaus erwirtschaftet. Solange die Grenzproduktivität größer als die Durchschnittsproduktivität ist, erhöht sich die Durchschnittsproduktivität; so erklärt sich, daß die Grenzproduktivitätskurve die Durchschnittsproduktivitätskurve in deren Maximum schneidet. $\eta_{y,r} > 1$.

III. *Der Ertrag steigt, allerdings zunehmend schwächer. Die Durchschnittsproduktivität hingegen sinkt. Die Grenzproduktivität liegt unter der Durchschnittsproduktivität,* d.h. eine zusätzliche Einheit Faktoreinsatz mindert die Durchschnittsproduktivität. Im III. Bereich ist das **Betriebsoptimum,** nämlich die maximale Durchschnittsproduktivität, überschritten; $0 < \eta_{y,r} < 1$.

IV. Nun ist auch das **Betriebsmaximum** überschritten, d.h. der maximale Ertrag. (Gegenwärtig untersuchen wir eine partielle Faktorvariation und halten somit einen Faktor konstant. Würde der konstant gehaltene Faktor vermehrt eingesetzt, dann ist auch ein höherer maximaler Ertrag denkbar). Weiterer Faktoreinsatz mindert den Ertrag, was sich im negativen Verlauf der Grenzproduktivitätskurve ausdrückt. Die Produktion im IV. Bereich bedeutet eine Verschwendung von Produktionsfaktoren, ist also unökonomisch; $\eta_{y,r} \longrightarrow -\infty$.

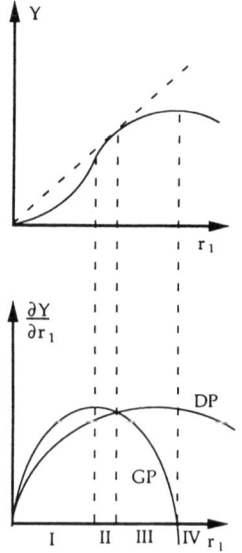

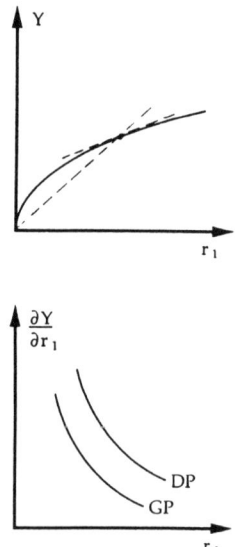

Bei der **CD-Produktionsfunktion** (vgl. S. 24) nehmen Grenz- und Durchschnittsproduktivität durchgehend ab; dabei ist die Durchschnittsproduktivität stets größer als die Grenzproduktivität (Abbildungen gegenüberliegende Seite rechts). Dies läßt sich graphisch veranschaulichen, indem die Produktionsfunktion um Fahrstrahl (dessen Steigung der Durchschnittsproduktivität entspricht) und Tangente (deren Steigung der Grenzproduktivität entspricht) ergänzt wird. Die Steigung des Fahrstrahls ist im gesamten Bereich der Produktionsfunktion größer als die Steigung der Tangente. Für die Produktionselastizität gilt $0 < \eta_{y,r} < 1$.

3.2.3.2 Proportionale Faktorvariation

Bei der proportionalen Faktorvariation (Niveauvariation; auch totale Faktorvariation genannt) sind Skalenertrag und Skalenelastizität zu untersuchen.

Wie bereits erwähnt, werden hier die Faktoreinsätze im gleichen Verhältnis erhöht, d.h. das **Niveau des Faktoreinsatzes** λ (Lambda) wird variiert; beträgt dieses Faktoreinsatzniveau z.B. $\lambda = 3$, dann wurde gegenüber der Ausgangssituation der Einsatz beider Faktoren verdreifacht.

Nun kann untersucht werden, wie eine infinitesimal kleine Änderung des Faktoreinsatzniveaus auf die Ausbringung wirkt. Als Maß dieses Zusammenhangs dient der **Skalenertrag** (Niveaugrenzproduktivität) $dy/d\lambda$.

Jedoch hängt der Wert des Skalenertrags von der spezifischen Maßeinheit der betrachteten Produktionsfunktion ab; deswegen ist – wie im Fall der Produktionselastizität – auch hier ein allgemeines Maß für die Reaktion der Ausbringung auf Niveauvariationen einzuführen. Dies ist die **Skalenelastizität** (Niveauelastizität) $\varepsilon_{y,\lambda}$ (Epsilon):

$$\varepsilon_{y,\lambda} = \frac{\partial y/y}{\partial \lambda/\lambda} = \frac{\partial y}{y} \cdot \frac{\lambda}{\partial \lambda}$$

$$= \frac{\partial y}{\partial \lambda} \cdot \frac{\lambda}{y} = \frac{\partial y}{\partial \lambda} : \frac{y}{\lambda}$$

Skalenelastizität
= Verhältnis der relativen Veränderung des Ertrags zur relativen Veränderung des Faktoreinsatzniveaus

Analog zur Produktionselastizität kann die Skalenelastizität als Verhältnis von Niveaugrenzproduktivität $\partial y/\partial \lambda$ und **Niveaudurchschnittsprodukt** y/λ interpretiert werden.

Grundsätzlich sind drei verschiedene Zusammenhänge zwischen Faktoreinsatzniveau und Ertrag möglich:

1. **Zunehmende Skalenerträge** (increasing returns to scale): Bei Erhöhung des Faktoreinsatzniveaus um das λ-fache steigt die Ausbringung um mehr als das λ-fache, d.h. die Skalenelastizität ist größer als eins: $\varepsilon_{y,\lambda} > 1$.

2. **Konstante Skalenerträge** (constant returns to scale): Bei Erhöhung des Faktoreinsatzniveau um das λ-fache steigt die Ausbringung ebenfalls um das λ-fache, d.h. die Skalenelastizität ist gleich eins: $\varepsilon_{y,\lambda} = 1$.

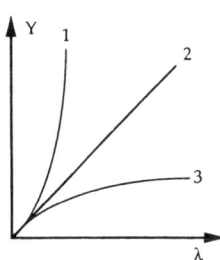

3. Abnehmende Skalenerträge (decreasing returns to scale): Bei Erhöhung des Faktoreinsatzniveaus um das λ-fache steigt die Ausbringung um weniger als das λ-fache, d.h. die Skalenelastizität ist kleiner eins: $\varepsilon_{y,\lambda} < 1$.

3.2.3.3 Isoquante Faktorvariation

Zuletzt sind bei isoquanter Faktorvariation die Grenzrate der technischen Substitution und die Substitutionselastizität zu untersuchen. Sie werden anschließend auf die ertragsgesetzliche und die COBB-DOUGLAS-Produktionsfunktion angewendet.

Wie bereits erwähnt, werden bei der isoquanten Faktorvariation die Faktoreinsätze so verändert, daß die Ausbringung unverändert bleibt. Ökonomisch interessant ist in diesem Zusammenhang die Frage, wie stark die Einsatzmenge eines Faktors bei Minderung der Einsatzmenge des anderen Faktors zu erhöhen ist, um die Ausbringung konstant zu halten. Dies beantwortet die **Grenzrate der technischen Substitution**. Sie ist das *Verhältnis einer infinitesimal kleinen Einsatzminderung dr_1 des ersten Faktors und der zur Aufrechterhaltung des Produktionsniveaus erforderlichen Einsatzsteigerung dr_2 des zweiten Faktors.*

Grenzrate der technischen Substitution
= Austauschverhältnis zweier Produktionsfaktoren bei konstanter Ausbringung

$$= \frac{\text{Abnahme des ersetzten Faktors}}{\text{Zunahme des ersetzenden Faktors}} = \frac{dr_1}{dr_2}$$

= Steigung der an die Isoquante gelegten Tangente

Für die Grenzrate der technischen Substitution gilt:

1. Sie ist *stets negativ*, weil der Mindereinsatz $-dr_1$ immer durch einen Mehreinsatz $+dr_2$ ausgeglichen werden muß;

2. Ihr Betrag *sinkt stets*, weil ein ständiger Mindereinsatz $-dr_1$ nur durch einen zunehmenden Mehreinsatz $+dr_2$ ausgeglichen werden kann, d.h. die "Substitutionskraft" des ersetzenden Faktors sinkt.

Ausgangspunkt der mathematischen Ableitung der Grenzrate der technischen Substitution ist die isoquante Faktorvariation, d.h. die Ausbringung wird konstant gehalten (1). Eine absolute Mengenänderung des Faktoreinsatzes dr_1 verändert den Gesamtertrag y nach Maßgabe der Grenzproduktivität $\partial y/\partial r_1$ des Faktors r_1 (2). Wenn beide Faktoreinsätze variiert werden, ergibt sich die Gesamtänderung der Ausbringung als Summe der partiellen Änderungen; weil die Gesamtänderung wegen (1) ex definitione null ist, entsteht Gleichung (3), die in (4) und (5) umgestellt wurde.

(1) $dy = 0$

(2) $dy = \dfrac{\partial y}{\partial r_1} \cdot dr_1$

(3) $dy = \dfrac{\partial y}{\partial r_1} \cdot dr_1 + \dfrac{\partial y}{\partial r_2} \cdot dr_2 \overset{!}{=} 0$

(4) $\dfrac{\partial y}{\partial r_1} \cdot dr_1 = -\dfrac{\partial y}{\partial r_2} \cdot dr_2$

$$(5) \quad \frac{dr_1}{dr_2} = -\frac{\partial y/dr_2}{\partial y/dr_1}$$

Grenzrate der technischen Substitution
= (negatives) umgekehrtes Verhältnis
der Grenzproduktivitäten der Faktoren

Die **Substitutionselastizität** σ_{r_1, r_2} (Sigma), die besonders in der Verteilungstheorie Bedeutung hat, erlaubt eine präzisere Beschreibung von Produktionsfunktionen bei isoquanter Faktorvariation. Angenommen, der Faktorpreis für r_1 (z.B. Arbeit) steigt, während der Faktorpreis für r_2 (z.B. Kapital) unverändert bleibt. Das Unternehmen wird dann bemüht sein, den verteuerten Faktor gegen den nun relativ billigeren Faktor zu substituieren; wie sich die Grenzrate der technischen Substitution dadurch verändert, hängt von Preisänderung und Produktionsfunktion ab. Wichtig ist dann zu erfahren, wie sich das **Faktoreinsatzverhältnis** (Faktorintensität) r_1/r_2 – beispielsweise Arbeit/Kapital – verändert hat. Im Beispiel: wie stark wird der Faktor Arbeit bei einer Lohnsteigerung durch den Faktor Kapital substituiert? Entspricht die Änderung des Faktoreinsatzverhältnisses der Lohnsteigerung, ist sie stärker oder schwächer? Diese Frage wird durch die Substitutionselastizität beantwortet.

$$\sigma_{r_1, r_2} = \frac{\dfrac{d(r_1/r_2)}{r_1/r_2}}{\dfrac{d(dr_1/dr_2)}{dr_1/dr_2}}$$

Substitutionselastizität
= Verhältnis der relativen Veränderung des Faktoreinsatzverhältnisses zur relativen Änderung der Grenzrate der techn. Substitution

Die Substitutionselastizität kann anhand ihrer extremen Ausprägungen veranschaulicht werden:

- Bei **limitationalen Produktionsfunktion** ergibt sich $\sigma_{r_1, r_2} = 0$, weil die Faktoren definitionsgemäß nur in einem festen Einsatzverhältnis kombiniert werden können, eine Substitution also ausgeschlossen ist. In unserem Beispiel würde somit eine beliebig hohe Lohnerhöhung nicht zu einer Substitution des Faktors Arbeit führen.

- Der andere Extremfall ergibt sich bei Produktionsfunktionen mit **vollkommen substituierbaren Produktionsfaktoren**. Hier ist die Grenzrate der technischen Substitution im gesamten Bereich konstant; der Mindereinsatz $-dr_1$ kann durch einen <u>gleichbleibenden</u> Mehreinsatz $+dr_2$ substituiert werden. Somit ergibt sich für $d(dr_1/dr_2)$ ein Wert von null. Die Substititionselastizität ist also im gesamten Bereich $\sigma_{r_1, r_2} = -\infty$. Für unser Beispiel bedeutet dies, daß bereits eine geringfügige Lohnerhöhung zur vollständigen Substitution des Faktors Arbeit durch den Faktor Kapital führt.

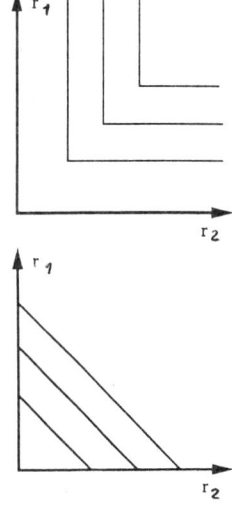

Allgemein gilt: *je stärker die Krümmung der Isoquante ist, umso kleiner ist der (absolute) Wert der Substitutionselastizität.* Im Normalfall, d.h. bei Produktionsfunktionen, deren Substitutionselastizität im Bereich zwischen null und unendlich liegt, wird unterschieden zwischen:

- **CES-Produktionsfunktionen** (Constant Elasticity of Substitution), deren Substitutionselastizität im gesamten Verlauf konstant ist; und

- **VES-Produktionsfunktionen** (Variable Elasticity of Substitution), deren Substitutionselastizität variiert.

Die **COBB-DOUGLAS-Produktionsfunktion** (vgl. S. 24) beispielsweise nimmt zwischen den CES-Produktionsfunktionen eine Sonderstellung ein. Für sie gilt $\sigma = 1$.

3.2.4 Systematik der Produktionsfunktionen

Nun soll unter Anwendung der in 3.2.3 vorgestellten Begriffe ein System der Produktionsfunktionen vorgestellt werden, in das auch die aus 3.2.1 bekannten Produktionsfunktionen eingeordnet werden können:

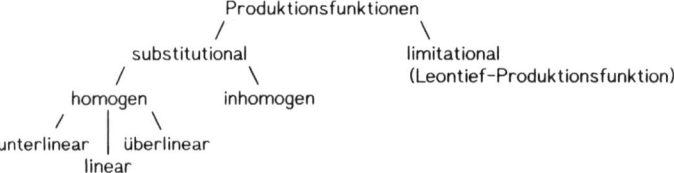

3.2.4.1 Substitutionalität und Limitationalität

Gliederungskriterium der ersten Ebene ist die **Austauschbarkeit der Faktoren**:

- Bei **substitutionalen Produktionsfunktionen** können die Faktoren einander entweder vollständig substituieren *(vollkommene oder totale Substituierbarkeit)* – die Isoquante schneidet dann die Koordinatenachsen –, oder aber die Produktion erfordert einen gewissen Mindesteinsatz der Faktoren *(beschränkte oder periphere Substituierbarkeit)*; die Isoquante konvergiert dann lediglich gegen die Koordinatenachsen.

- Bei **limitationalen Produktionsfunktionen** (vgl. S. 24) müssen die Faktoren in einem festen Einsatzverhältnis kombiniert werden. Eine andere Kombination ist zwar möglich, aber ineffizient, weil der knappe Faktor die Produktion beschränkt und deswegen der Mehreinsatz des anderen Faktors nicht den Ertrag erhöht.

Eine *linear-limitationale Produktionsfunktion* (vgl. S. 25) liegt vor, wenn die Ausbringung eine lineare Funktion des Faktoreinsatzes ist. In diesem Fall ist die Durchschnittsproduktivität y/r_1 und ihr Kehrwert, der **Produktionskoeffizient** r_1/y, konstant. Der Ertrag ist das Produkt aus Durchschnittsproduktivität und Faktoreinsatzmenge: $y = a_1 \cdot r_1$ und $y = a_2 \cdot r_2$ mit a_1, a_2 = konstant. Die linear-limitationale Produktionsfunktion lautet damit $y = \min(a_1 \cdot r_1; \ a_2 \cdot r_2)$.

Beispiel: Zur Herstellung von Fahrrädern seien Rahmen (erster Faktor) und Räder (zweiter Faktor) erforderlich. Dann gilt für die linear-limitationale Produktionsfunktion: $a_1 = 1$ und $a_2 = 0,5$. Aus einer Faktoreinsatzmenge von z.b. $r_1 = 18$ Rahmen und $r_2 = 24$ Rädern lassen sich dann nur $y = \min(1 \cdot 18; \ 0,5 \cdot 24) = 12$ Fahrräder herstellen. Diese Kombination ist ineffizient, weil der zweite Faktor die Produktion beschränkt. Der erste Faktor wird nicht voll ausgenutzt.

Die *Produktionselastizität* (vgl. S. 27) limitationaler Produktionsfunktionen ist null, weil eine partielle Faktorvariation keine Wirkung auf die Ausbringung hat. Die *Substitutionselastizität* ist ebenfalls gleich null, weil die Faktoren nicht substituierbar sind.

3.2.4.2 Homogenität

Gliederungskriterium der zweiten Ebene ist die Homogenität:

– Eine Produktionsfunktion ist **homogen** vom Grad k (Homogenitätsgrad), wenn gilt:

$$y = f(\lambda \cdot r_1, \lambda \cdot r_2) = \lambda^k \cdot f(r_1, r_2) \quad \text{mit } k = \text{konstant}$$

Eine Produktionsfunktion ist also homogen, wenn eine gleichmäßige Erhöhung aller Faktoreinsatzmengen um das λ-fache zu einer Erhöhung der Ausbringung um das λ^k-fache führt. Der Homogenitätsgrad k entspricht der *Skalenelastizität* (vgl. S. 29).

– Wenn die Skalenelastizität im Verlauf der Produktionsfunktion variiert, k also nicht konstant ist, liegt eine **inhomogene** Produktionsfunktion vor. Die folgende Abbildung zeigt einen möglichen Niveauvariationspfad und die entsprechende Isoquantenschar einer inhomogenen Produktionsfunktion. Der **Niveauvariationspfad** ordnet jedem Einsatzniveau λ eine Ausbringung zu.

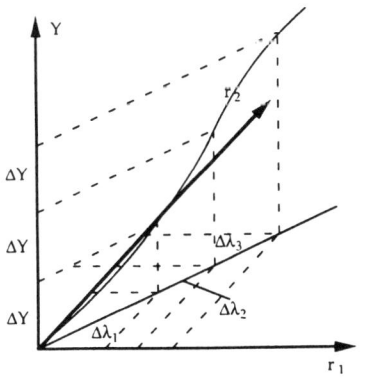
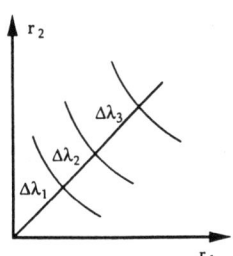

Der Wendepunkt des Niveauvariationspfades begrenzt das erste Intervall, in dem eine Erhöhung des Faktoreinsatzes eine überproportionale Erhöhung der Ausbringung zur Folge hat. Hier ist die *Skalenelastizität* also größer eins. Im anschließenden Intervall führt eine Erhöhung der Inputs lediglich zu einer unterproportionalen Erhöhung der Ausbringung. Die Skalenelastizität ist kleiner eins. Im Isoquantenschema werden die Abstände der Isoquanten bei konstanten Ausbringungsdifferenzen Δy deswegen erst kleiner und dann größer.

Oft wird die *ertragsgesetzliche Produktionsfunktion* (vgl. S. 23) der Gruppe der inhomogenen Produktionsfunktionen zugeordnet. Jedoch wurde ihr S-förmiger Verlauf für den Fall <u>partieller</u> Faktorvariation abgeleitet. Das Homogenitätskriterium hingegen bezieht sich auf das Verhalten der Ausbringung bei <u>proportionaler</u> Faktorvariation. Ob das Ertragsgesetz auch mit einer homogenen Produktionsfunktion vereinbar ist, wurde lange diskutiert. Hier soll die Feststellung genügen, daß ertragsgesetzliche Produktionsfunktionen *im allgemeinen inhomogen* sind. Jedoch sind auch Fälle homogener ertragsgesetzlicher Produktionsfunktionen denkbar.

3.2.4.3 Homogenitätsgrad

Gliederungskriterium der dritten Ebene ist der **Homogenitätsgrad** der Produktionsfunktion:

- **Unterlinear-homogene** Produktionsfunktionen sind homogen vom Grade k mit k < 1. Ebenso wie der Homogenitätsgrad ist die *Skalenelastizität kleiner eins*, die Produktionsfunktion hat *abnehmende Skalenerträge*. Eine Erhöhung des Faktoreinsatzes um das λ-fache hat hier eine Steigerung der Ausbringung um weniger als das λ-fache zur Folge. Im Isoquantenschema werden die Abstände der Isoquanten bei konstanten Ausbringungsdifferenzen immer größer:

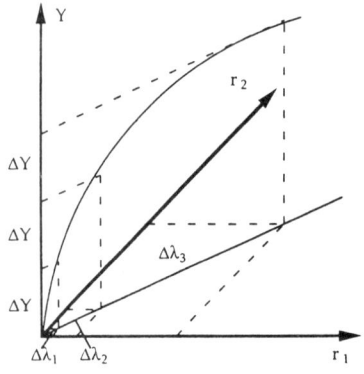
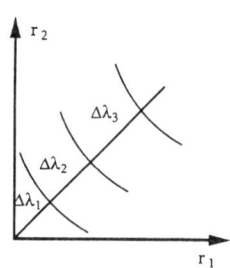

- **Überlinear-homogene Produktionsfunktionen** sind homogen vom Grade k mit k > 1. Hier ist die *Skalenelastizität größer eins*, es liegen *zunehmende Skalenerträge* vor. Hier erhöht sich die Ausbringung überproportional. Die Abstände zwischen den Isoquanten werden zunehmend geringer:

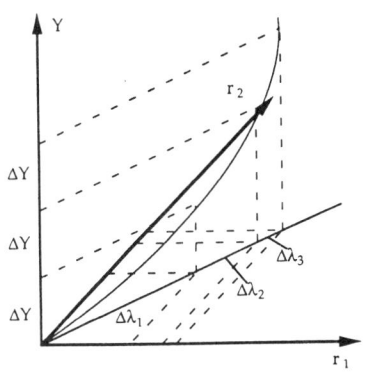

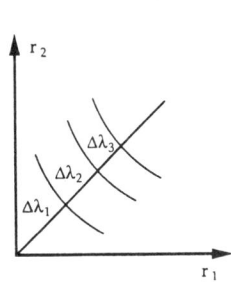

- **Linear-homogene Produktionsfunktionen** sind homogen vom Grade k mit k = 1. Hier ist die *Skalenelastizität gleich eins*, es liegen *konstante Skalenerträge* vor. Der Niveau-variationspfad verläuft linear und die Abstände der Isoquanten sind konstant. Bei Erhöhung des Faktoreinsatzes um das λ-fache erhöht sich hier die Ausbringung ebenfalls um das λ-fache (siehe Abbildung). Beispielsweise ist die CD-Produktions-funktion linear-homogen (wegen $y = f(\lambda \cdot r_1, \lambda \cdot r_2) = a \cdot (\lambda r_1)^\alpha \cdot (\lambda r_2)^{1-\alpha} = a \cdot \lambda^\alpha \cdot r_1^\alpha$ $\cdot \lambda^{1-\alpha} \cdot r_2^{1-\alpha} = \lambda^{\alpha+1-\alpha} \cdot a \cdot r_1^\alpha \cdot r_2^{1-\alpha} = \lambda^1 \cdot f(r_1, r_2)$; vgl. S. 24 und S. 33).

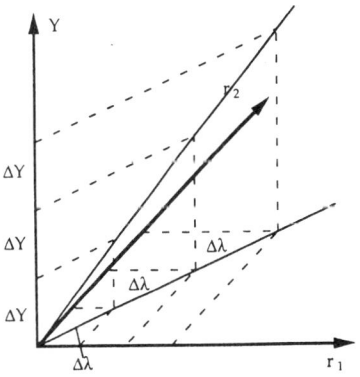

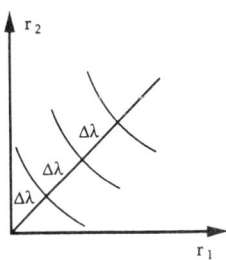

3.3 Monetäre Bedingungen der Produktion

Im vorherigen Kapitel wurden die technischen Zusammenhänge der Produktion untersucht. Die Bezugseinheiten waren dabei <u>Mengen</u>größen. Doch trifft das Unternehmen seine Produktionsentscheidung auf der Grundlage von <u>Wert</u>größen; deswegen müssen nun die Mengen mit ihren Preisen bewertet werden. Auf der Inputseite gelangt man durch die Multiplikation der Faktoreinsatzmenge r_i mit dem Faktorpreis q_i zu den **Kosten** des Faktors i. Die Summe der Kosten aller Produktionsfaktoren sind die **Gesamtkosten** K, bei zwei Faktoren (ohne fixe Kosten) also

$$K = r_1 \cdot q_1 + r_2 \cdot q_2 \,.$$

Bei isolierter Betrachtung der Inputseite (die Outputseite wird erst in Abschnitt 3.4 einbezogen) verfolgt das Unternehmen das Ziel der **Kostenminimierung**. Dieses Ziel kann auf zwei Arten interpretiert werden:

- Bei der Minimierung der <u>Gesamt</u>kosten K wird versucht, einen gegebenen Output mit minimalen Kosten zu erstellen bzw. den Output bei gegebenen Gesamtkosten zu maximieren. Dieses Problem wird im folgenden Abschnitt 3.3.1 als *Minimalkostenkombination* untersucht.

- Bei der Minimierung der <u>Durchschnitts</u>kosten DTK (durchschnittliche totale Kosten, Stückkosten), also den Kosten je Output-Einheit werden die Kosten als Funktion der Ausbringung untersucht; die dafür erforderlichen *Kostenfunktionen* werden aus den Produktionsfunktionen abgeleitet. Dies geschieht in den Abschnitten 3.3.2 und 3.3.3.

3.3.1 Minimalkostenkombination

In diesem Abschnitt soll eine Bedingung entwickelt werden, die eine kostenminimale Faktorkombination in Abhängigkeit von den Faktorpreisen beschreibt. Dazu müssen wir zunächst zwischen **variablen Kosten** (K_v) und **Fixkosten** (Kosten der Betriebsbereitschaft; F) unterscheiden. Variable Kosten ändern sich mit der Ausbringungsmenge, Fixkosten sind unabhängig von Änderungen der Ausbringung (vgl. ausführlich *Kosten- und Leistungsrechnung*, 3. Aufl., S. 11 f.). Die Gesamtkosten K sind die Summe aus variablen und fixen Kosten:

$$K = r_1 \cdot q_1 + r_2 \cdot q_2 + F$$

Um Gesamtkosten und Ausbringung graphisch zu verbinden, verwenden wir das Isoquantenschema im r_1-r_2-Diagramm. Zur Abbildung der Kosten im r_1-r_2-Diagramm lösen wir die obige Kostengleichung nach r_1 auf:

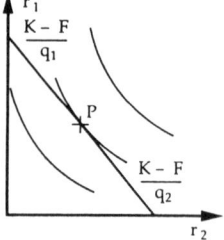

$$r_1 = \frac{K - F}{q_1} - \frac{q_2}{q_1} \cdot r_2 \,.$$

Übertragen wir diese Funktion in das r_1-r_2-Diagramm, erhalten wir die **Isokostengerade**. Die Isokostengerade ist der *geometrische Ort aller Faktormengenkombinationen, die* *gleiche Kosten verursachen.* Ihre Steigung ist $-q_2/q_1$, also gleich dem (negativen) umgekehrten Faktorpreisverhältnis. Anschließend fügen wir die Isoquanten in das r_1-r_2-Diagramm ein. Jede Isoquante repräsentiert eine konstante Ausbringung, die umso höher ist, je weiter die Isoquante vom Ursprung entfernt liegt.

Will das Unternehmen *bei gegebenen Gesamtkosten die Ausbringung maximieren,* so muß es auf einer Isoquante produzieren, die einerseits möglichst weit vom Ursprung entfernt liegt, aber andererseits noch wenigstens einen Punkt mit der Isokostengerade, welche die konstanten Gesamtkosten darstellt, gemeinsam hat. Dies ist im Punkt P der Fall, wo die Isoquante die Isokostengerade tangiert. Jede <u>höhere</u> Isoquante ist nur mit höheren Gesamtkosten realisierbar und jede <u>niedrigere</u> Isoquante verursacht dieselben Kosten bei geringerer Ausbringung.

Im umgekehrten Fall möchte das Unternehmen eine *konstante Ausbringung* (feste Isoquante) *mit minimalen Kosten* zu produzieren. Es wird dann eine Isokostengerade wählen, die möglichst niedrig liegt. Auch bei dieser Betrachtungsweise ist der Punkt P optimal, weil jede andere Faktorkombination höhere Kosten verursacht.

Die im Punkt P realisierte Faktorkombination ist die **Minimalkostenkombination,** d.h. die Faktormengenkombination, die *bei gegebenen Kosten den höchsten Output* erzielt bzw. die den *gegebenen Output mit den geringsten Kosten* erstellt.

Die Steigung der Isoquante entspricht der Grenzrate der technischen Substitution (vgl. S. 30) und die Steigung der Isokostengeraden $-q_2/q_1$. Weil im Tangentialpunkt beide Steigungen gleich groß sind, gilt für die Minimalkostenkombination:

$$\frac{dr_1}{dr_2} = -\frac{q_2}{q_1} \qquad \begin{array}{l}\textbf{Grenzrate der technischen Substitution} \\ = \textbf{(negatives) umgekehrtes Faktorpreisverhältnis}\end{array}$$

Diese Bedingung kann mit dem **LAGRANGE-Verfahren** auch mathematisch abgeleitet werden. Die umgestellte Kostengleichung (1) wird als Nebenbedingung in die LAGRANGE-Funktion (2) eingefügt. Zur Maximierung dieser Funktion unter der Nebenbedingung wird nach den Faktoreinsatzmengen und dem LAGRANGE-Multiplikator λ partiell differenziert (3-5). Diese Ableitungen werden gleich null gesetzt und der LAGRANGE-Multiplikator wird eliminiert, indem (6) und (7) gleichgesetzt (8) und umgeformt werden (9). Das (negative) umgekehrte Verhältnis der Grenzproduktivitäten der Faktoren ist damit gleich dem (negativen) umgekehrten Faktorpreisverhältnis (9) und außerdem gleich der Grenzrate der technischen Substitution (vgl. S. 31); deswegen folgt (10). Die geometrische und mathematische Ableitung der Bedingung $dr_1/dr_2 = q_2/q_1$ erfolgte damit analog zur Ableitung der Bedingung $dx_1/dx_2 = -p_2/p_1$ in der Haushaltstheorie (vgl. S. 12-14).

(1) $\quad K - F - r_1 \cdot q_1 - r_2 \cdot q_2 = 0$

(2) $\quad L = y(r_1, r_2) - \lambda \cdot (K - F - r_1 \cdot q_1 - r_2 \cdot q_2) \longrightarrow \text{max.!}$

(3) $\quad \frac{\partial L}{\partial r_1} = \frac{\partial y}{\partial r_1} + \lambda \cdot q_1 \stackrel{!}{=} 0$
(4) $\quad \frac{\partial L}{\partial r_2} = \frac{\partial y}{\partial r_2} + \lambda \cdot q_2 \stackrel{!}{=} 0$

(5) $\quad \frac{\partial L}{\partial \lambda} = K - F - r_1 \cdot q_1 - r_2 \cdot q_2 \stackrel{!}{=} 0$

(6) $\quad \lambda = -\frac{\partial y}{\partial r_1} : q_1$
(7) $\quad \lambda = -\frac{\partial y}{\partial r_2} : q_2$

(8) $\quad -\dfrac{\partial y}{\partial r_1} : q_1 = -\dfrac{\partial y}{\partial r_2} : q_2$ $\qquad$ (9) $\quad -\dfrac{\partial y/dr_2}{\partial y/dr_1} = -\dfrac{q_2}{q_1}$

(10) $\quad \boxed{\dfrac{dr_1}{dr_2} = -\dfrac{\partial y/dr_2}{\partial y/dr_1} = -\dfrac{q_2}{q_1}}$ $\quad$ **Grenzrate der technischen Substitution** = (negatives) umgekehrtes Verhältnis der Grenzproduktivitäten der Faktoren = (neg.) umgekehrtes Faktorpreisverhältnis

3.3.2 Produktionsfunktionen und Kostenfunktionen

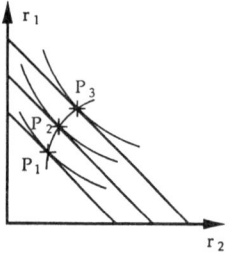

Im nächsten Schritt sind nun die Kosten *für verschiedene Ausbringungsmengen* zu bestimmen, d.h. der *Zusammenhang zwischen Kosten und Output.* Dabei ist jede Ausbringungsmenge mit minimalen Kosten zu erstellen. Deswegen müssen lediglich die Minimalkostenkombinationen für die verschiedenen Ausbringungsmengen verbunden werden. Der auf diese Weise entstehende "Pfad" bildet die kostenminimalen Faktorkombinationen aller Ausbringungsmengen unter der Annahme eines konstanten Faktorpreisverhältnisses ab. Dieser *geometrische Ort aller Minimalkostenkombinationen* heißt **Expansionspfad** (Faktoranpassungskurve).

Der Expansionspfad braucht dann nur noch in ein Koordinatensystem transformiert zu werden, das die *Kosten als Funktion der Ausbringungsmenge* abbildet. Hierzu übertragen wir die den Tangentialpunkten zugeordneten Kosten und Ausbringungsmengen in ein K-y-Diagramm. Weil die Kostenverläufe von den zugrundeliegenden Produktionsfunktionen abhängen, verwenden wir nun die Systematik der Produktionsfunktionen (vgl. S. 32 f):

- Bei der *linear-homogenen Produktionsfunktion* gilt: $\Delta y_1 = \Delta y_2 \longrightarrow \Delta r_{11} = \Delta r_{12}$ und $\Delta r_{21} = \Delta r_{22}$; d.h. bei Steigerung der Ausbringung steigt der Faktoreinsatz proportional. Für eine Verdoppelung der Ausbringung ist eine Verdoppelung der Faktoreinsätze erforderlich. Werden die Faktoreinsätze mit den Faktorpreisen bewertet, ergeben sich die (variablen) Kosten. Sie verhalten sich wie der Faktoreinsatz, nämlich proportional zur Ausbringung. Unter Berücksichtigung der Fixkosten F ergibt sich ein **linearer Kostenverlauf**:

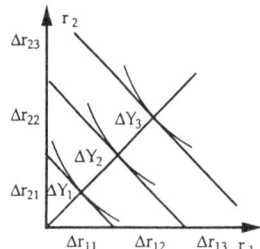

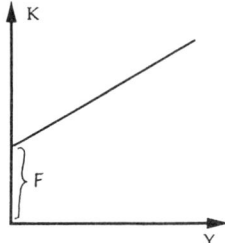

- Für die *unterlinear-homogene Produktionsfunktion* gilt: $\Delta y_1 = \Delta y_2 = \Delta y_3 \rightarrow \Delta r_{11} < \Delta r_{12} < \Delta r_{13}$ und $\Delta r_{21} < \Delta r_{22} < \Delta r_{23}$; d.h. bei Steigerung der Ausbringung steigt der Faktoreinsatz <u>über</u>proportional. Entsprechend ergibt sich ein **progressiver Kostenverlauf**:

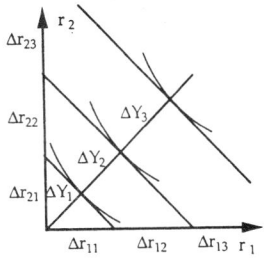 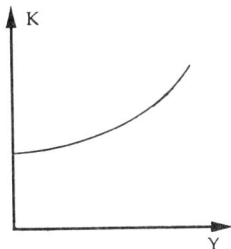

- Bei der *überlinear-homogenen Produktionsfunktion* gilt: $\Delta y_1 = \Delta y_2 = \Delta y_3 \rightarrow \Delta r_{11} > \Delta r_{12} > \Delta r_{13}$ und $\Delta r_{21} > \Delta r_{22} > \Delta r_{23}$; d.h. bei Steigerung der Ausbringung steigt der Faktoreinsatz <u>unter</u>proportional. Bei Verdoppelung der Ausbringung ist weniger als der doppelte Faktoreinsatz erforderlich. Es liegt ein **degressiver Kostenverlauf** vor.

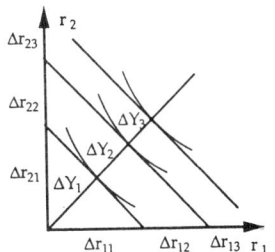 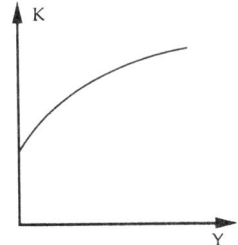

- Für die *ertragsgesetzliche Produktionsfunktion* gilt: $\Delta y_1 = \Delta y_2 = \Delta y_3 \rightarrow \Delta r_{11} > \Delta r_{12} < \Delta r_{13}$ und $\Delta r_{21} > \Delta r_{22} < \Delta r_{23}$; d.h. bei Steigerung der Ausbringung steigt der Faktoreinsatz zunächst unterproportional und dann überproportional. So ergibt sich auch für die Kostenfunktion ein aus degressivem und progressivem Kostenverlauf **zusammengesetzter Kostenverlauf.**

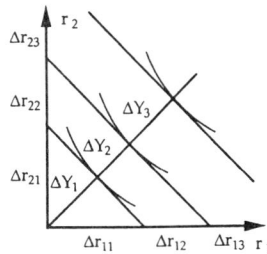 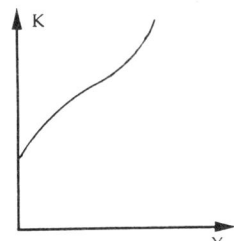

3.3.3 Kostenanalyse

Nun werden die aus den Produktionsfunktionen abgeleiteten (Gesamt-)Kostenverläufe genauer betrachtet, um auf dieser Grundlage im folgenden Abschnitt das Angebotsverhalten des Unternehmens erklären zu können. Hierzu müssen noch einige wichtige, aus der Gesamtkostenfunktion ableitbare Größen eingeführt werden:

K	Kosten (Gesamtkosten)	$K(y) = K_v(y) + F$
DTK	durchschnittliche Gesamt- bzw. totale Kosten	$DTK = K(y)/y$
DVK	durchschnittliche variable Kosten (variable Stückkosten)	$DVK = K_v(y)/y$
DFK	durchschnittliche fixe Kosten (fixe Stückkosten)	$DFK = F/y$
GK	Grenzkosten = Gesamtkostenzuwachs bei Produktion einer zusätzlichen Outputeinheit	$GK = \dfrac{\partial K}{\partial y}$

Den **Grenzkosten** kommt, wie der nächste Abschnitt zeigen wird, für das Angebotsverhalten des Unternehmens eine zentrale Bedeutung zu (für weitere Erläuterungen zu diesen Größen vgl. *Kosten- und Leistungsrechnung*, 3. Aufl., S. 6 ff., 11 f. und 31; siehe auch Abkürzungsverzeichnis dieses Titels). – Zunächst werden nur die vier Gesamtkostenfunktionen des vorhergehenden Abschnitts (jeweils oben) mit den Funktionen der anderen Kostengrößen (jeweils unten) dargestellt:

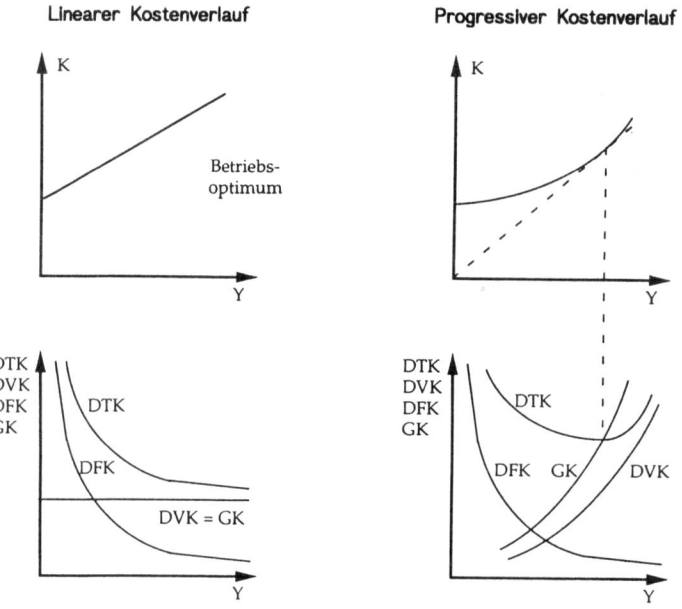

Linearer Kostenverlauf   **Progressiver Kostenverlauf**

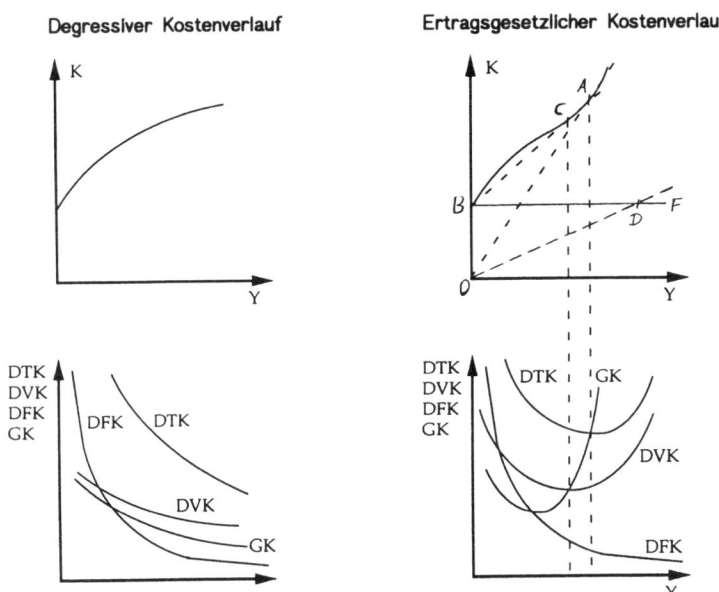

Degressiver Kostenverlauf   Ertragsgesetzlicher Kostenverlauf

Die Stückkostenfunktionen DTK haben bei linearem und degressivem Gesamtkostenverlauf kein Minimum, sondern einen *streng monoton fallenden Verlauf*. Bei progressivem und ertragsgesetzlichem Gesamtkostenverlauf hingegen existiert ein *Minimum* der Stückkostenfunktionen. In diesem Minimum entsprechen die Stückkosten den Grenzkosten, d.h. die *Grenzkostenkurve schneidet die Stückkostenkurve in deren Minimum*.

Eine anschauliche geometrische Ableitung der Grenzkosten- und Stückkostenkurven ist in die Graphik des ertragsgesetzlichen Gesamtkostenverlaufs eingezeichnet. Die DTK entsprechen der Steigung des Fahrstrahls OA, die DVK der Steigung des Fahrstrahls BC und die DFK der Steigung des Fahrstrahls OD. Die Kurvenverläufe ergeben sich, indem man die Fahrstrahlen über die Gesamtkostenkurve (Fixkostenkurve) wandern läßt. Entsprechend kann auch die Grenzkostenkurve abgeleitet werden, wobei die Grenzkosten der Tangentensteigung entsprechen.

3.4 Produktionsgleichgewicht

Analog zur Haushaltstheorie wird auch hier unter **Gleichgewicht** ein Zustand verstanden, in dem die Wirtschaftssubjekte bei gegebenen Umweltdaten ihre Pläne entsprechend ihren Zielen realisieren. Etwaige durch Änderungen der Umweltdaten (Preise, Kosten,

Produktionsfunktionen) ausgelöste Anpassungsprozesse sind bereits abgeschlossen. Das Ziel des Unternehmens ist die **Gewinnmaximierung**. Gewinn ist die Differenz aus Erlösen und Kosten. Für ein Einproduktunternehmen und zwei Produktionsfaktoren ergibt sich der Gewinn (bei Vernachlässigung fixer Kosten) als

$$
\begin{aligned}
\text{Gewinn} &= \text{Erlöse} &- \text{Kosten} \\
G &= p \cdot y(r_1, r_2) &- (r_1 \cdot q_1 + r_2 \cdot q_2),
\end{aligned}
$$

wobei $y(r_1, r_2)$ die Ausbringung als Funktion der Faktoreinsatzmengen, also die Produktionsfunktion beschreibt.

Zur Vereinfachung wird im weiteren **vollständige Konkurrenz** unterstellt. Bei dieser Marktform gibt es sehr viele Anbieter und Nachfrager *(atomistische Angebots- bzw. Nachfragestruktur)*; sie haben keinen Einfluß auf das Marktergebnis, d.h. der Preis ist ihnen als Datum gegeben (vgl. Abschnitt 4.2). Folglich ist bei der Ermittlung des Maximums der Gewinnfunktion der Preis p eine Konstante. Ein Gewinnmaximum liegt vor, wenn die Gewinnfunktion (1) nach der Ausbringungsmenge y differenziert wird und diese Ableitung gleich null ist (notwendige Bedingung) und die zweite Ableitung der Gewinnfunktion kleiner null ist (hinreichende Bedingung; (2)).

(1)　$G = p \cdot y - K \longrightarrow$ max.!　　　　　$G = E - K$

(2)　$\dfrac{\partial G}{\partial y} = p - \dfrac{\partial K}{\partial y} \overset{!}{=} 0$ und $\dfrac{\partial^2 G}{\partial y^2} = - \dfrac{\partial^2 K}{\partial y} \overset{!}{<} 0$　　　$G' = E' - K' = 0; \quad G'' < 0$

(3)　$p = \dfrac{\partial K}{\partial y}$ und $\dfrac{\partial^2 K}{\partial y} > 0$　　　　　$E' = K'$ und $G'' < 0$

Allgemein liegt also ein Gewinnmaximum vor, wenn der *Grenzgewinn gleich null* ist, was impliziert, daß der Grenzerlös gleich den Grenzkosten ist. Der Grenzerlös ist gleich dem (annahmegemäß konstanten) Preis, und es ergibt sich die **Grenzkosten-Preis-Regel**: Grenzkosten gleich Preis (3). Wenn das Unternehmen seine Planungen entsprechend dieser Regel trifft, realisiert es sein Gewinnmaximum. Wie dies geschieht und welche Folgerungen sich daraus für das Angebotsverhalten ergeben, werden wir im folgenden Abschnitt sehen.

3.4.1 Angebotsfunktion

Bei vollständiger Konkurrenz wird das Unternehmen nach der Grenzkosten-Preis-Regel seine Ausbringung ausdehnen, bis die Grenzkosten dem am Markt erzielbaren Preis entsprechen. **Angebotsfunktion** ist dann die *Grenzkostenkurve*.

Wenn der Preis allerdings genügend niedrig ist, wird das Unternehmen aus dem Markt ausscheiden und es existiert kein Angebot. Wir müssen also verschiedene Preissituationen unterscheiden.

Beispiel: Bei der ertragsgesetzlichen Produktionsfunktion ergeben sich fünf verschiedene Preissituationen:

1. p_1, y_1: **p > DTK,** der Preis ist höher als die Stückkosten. Somit entsteht in Höhe der Differenz zwischen Preis und Stückkosten ein Stückgewinn. Dieser Stückgewinn ergibt multipliziert mit der Ausbringungsmenge den Gesamtgewinn, dargestellt als horizontal schraffierte Fläche.

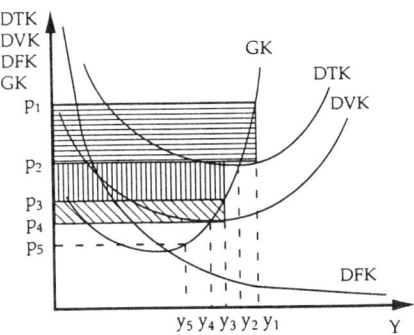

2. p_2, y_2: **p = DTK,** der Preis entspricht den Stückkosten. Über den kalkulatorischen Unternehmerlohn und die kalkulatorische Eigenkapitalverzinsung hinaus entsteht kein Gewinn (beide Größen sind in den Kosten enthalten; zu den kalkulatorischen Kosten vgl. ausführlich **Kosten- und Leistungsrechnung,** 3. Aufl., S. 14 ff.). Dieser Punkt heißt **Betriebsoptimum** (Gewinnschwelle). Betriebswirtschaftlich ist diese Bezeichnung nicht sinnvoll, weil jede Produktion nach der Grenzkosten-Preis-Regel optimal ist. Allerdings liegt im volkswirtschaftlichen Sinn eine Optimalsituation vor, weil hier im *Minimum der Stückkostenkurve* produziert wird; die knappen Ressourcen werden also geringstmöglich in Anspruch genommen.

3. p_3, y_3: **DVK < p < DTK,** pro Ausbringungseinheit entsteht in dieser Situation ein Verlust in Höhe der Differenz von Preis und Stückkosten. Der Gesamtverlust ergibt sich als Produkt aus Stückverlust und Ausbringungsmenge und ist als vertikal schraffierte Fläche dargestellt. Weil der Preis aber die variablen Stückkosten übersteigt, wird noch ein Teil der Fixkosten erwirtschaftet (diagonal schraffierte Fläche). Es ist deswegen sinnvoll, die Produktion zumindest kurzfristig aufrechtzuerhalten, weil bei Produktionseinstellung ein größerer Verlust in Höhe der vollen Fixkosten entstände. (Die gleiche Situation wird umfassend aus betriebswirtschaftlicher Sicht in **Kosten- und Leistungsrechnung,** 3. Aufl., S. 54 ff., geschildert.)

4. p_4, y_4: **p = DVK,** nun werden genau die variablen Kosten gedeckt. Es entsteht ein Verlust in Höhe der Fixkosten. Weil eine Produktion unterhalb dieses Punktes nicht einmal die variablen Kosten deckt, wird diese Situation **Betriebsminimum** genannt.

5. p_5, y_5: **p < DVK,** der Preis deckt hier nicht einmal die variablen Stückkosten. Die Produktion sollte deshalb auch kurzfristig eingestellt werden. In dieser Situation steigt der Verlust mit jedem zusätzlich produziertem Stück.

Nun können wir die **Angebotsfunktion** bei ertragsgesetzlichem Kostenverlauf genauer beschreiben. Sie entspricht dem *steigenden Ast der Grenzkostenkurve*. <u>Kurzfristig</u> beginnt die Angebotsfunktion im Minimum der variablen Stückkosten (Betriebsminimum), <u>langfristig</u> ist hingegen eine Deckung der gesamten Fixkosten erforderlich, d.h. die Angebotsfunktion beginnt im Minimum der gesamten Stückkosten (Betriebsoptimum).

Bei **ertragsgesetzlichem Kostenverlauf** gilt also die folgende langfristige (durchgezogen gezeichnet) und kurzfristige (gestrichelt gezeichnet) Angebotsfunktion:

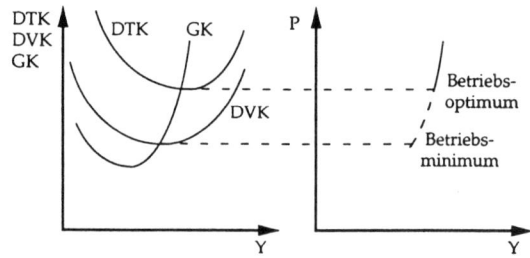

Bei **progressivem Kostenverlauf** existiert kein Minimum der variablen Stückkosten und somit auch keine kurzfristige Preisuntergrenze. Angebotsfunktion ist die Grenzkostenfunktion.

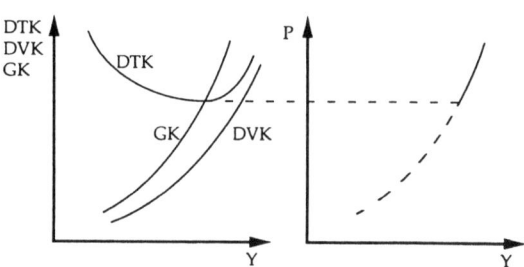

Die Angebotsfunktionen bei **linearem** (rechts) und **degressivem Kostenverlauf** (nächste Seite) unterscheiden sich von den zuvor behandelten. Dies beruht auf dem durchgehend fallenden Verlauf der Stückkostenfunktionen, wodurch das Minimum der variablen und der gesamten Stückkosten an der *Kapazitätsgrenze* liegt. Zu jedem über diesem Stückkostenminimum liegenden Preis wird die Menge

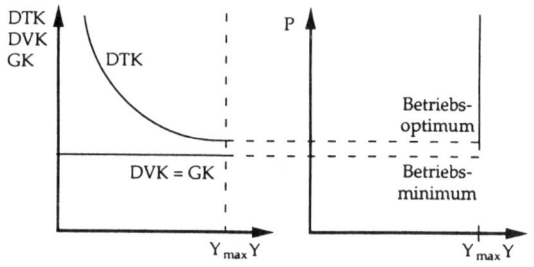

angeboten, die der Kapazität entspricht. Die Angebotsfunktion ist deswegen eine Vertikale.

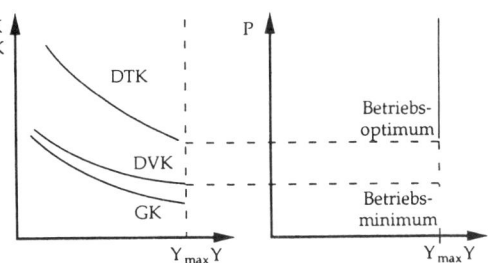

Ebenso wie das Nachfrageverhalten (vgl. S. 15 f.) kann auch das Angebotsverhalten mit einer Elastizitätsanalyse beschrieben werden. Das Maß für die Reaktion des Angebots auf Preisänderungen ist die **Preiselastizität des Angebots** (Angebotselastizität) $\eta_{y,p}$:

$$\eta_{y,p} = \frac{\dfrac{dy}{y}}{\dfrac{dp}{p}} = \frac{dy}{dp} \cdot \frac{p}{y}$$

Preiselastizität des Angebots
= Verhältnis der relativen Veränderung der Angebotsmenge zur relativen Veränd. des Preises

Die Angebotselastizität beschreibt, ob eine Veränderung des Marktpreises zu einer starken ($\eta \rightarrow \infty$) oder schwachen ($\eta \rightarrow 0$) Veränderung des Angebots führt. Beispielsweise ergibt sich bei ertragsgesetzlichem und progressivem Kostenverlauf eine positive Angebotselastizität, d.h. bei einem steigenden Preis steigt das Angebot. Bei linearem und degressivem Kostenverlauf ist die Angebotselastizität dagegen null, d.h. ein steigender Preis bewirkt keine Änderung des Angebots. Dies ist plausibel, weil das Unternehmen ohnehin an der Kapazitätsgrenze produziert.

Auf der Grundlage der abgeleiteten Angebotsfunktionen einzelner Unternehmen können wir nun eine **aggregierte Angebotsfunktion** (Marktangebotsfunktion) für den betreffenden Markt ermitteln. Dies geschieht analog zur Ableitung der aggregierten Nachfragefunktion (vgl. S. 21) durch horizontale Addition der einzelnen Angebotsfunktionen aller am Markt agierenden Anbieter. Die aggregierte Angebotsfunktion hat allerdings im Gegensatz zur aggregierten Nachfragefunktion eine *positive Steigung*.

3.4.2 Nachfragefunktion

Bisher haben wir unsere Untersuchung auf die Absatzseite des Unternehmens beschränkt. Das Unternehmen tritt jedoch nicht nur als Anbieter auf, sondern ist zugleich Nachfrager auf den **Faktormärkten.** Die Angebotsmenge hängt vom Marktpreis und der Produktionsfunktion ab, die Nachfragemenge dagegen von den Faktorpreisen und der Faktorproduktivität.

Mathematisch ergibt sich dieser Zusammenhang wie folgt: Zur Bedingung für ein Gewinnmaximum (1) vgl. S. 42. Anders als dort ist hier der Faktoreinsatz r variabel, weil wir ja an der Faktornachfrage interessiert sind. Zur Vereinfachung beschränken wir uns auf die Betrachtung eines Faktors und setzen die Einsatzmenge des anderen Faktors konstant. Der Erlös (2) ist somit eine Funktion des Faktoreinsatzes r, weil dieser über die Produktionsfunktion die Ausbringungsmenge determiniert. Die Kosten (3) ergeben sich als Produkt aus Faktorpreis und der Faktoreinsatzmenge. Wird die Erlösfunktion nach r differenziert, so ergibt sich (4). Die Ableitung der Kostenfunktion führt zu (5). Entsprechend der Bedingung (1) werden (4) und (5) in (6) gleichgesetzt.

(1) $E' = K'$

(2) $E = p \cdot y(r)$ (3) $K = q \cdot r$

(4) $E' = p \cdot \dfrac{\partial y(r)}{\partial r}$ (5) $K' = q$

(6) $p \cdot \dfrac{\partial y(r)}{\partial r} = q$

Der linke Teil der Gleichung (6) ist der *mit seinem Absatzpreis bewertete Grenzertrag des Faktors*. Dieses Produkt wird **Wertgrenzprodukt** genannt. Der rechte Teil stellt die Grenzkosten, also den Preis für eine zusätzliche Einheit Faktoreinsatz dar. Die Nachfrage nach Produktionsfaktoren erfolgt somit nach der Regel: *Faktorpreis gleich Wertgrenzprodukt.*

- Wenn der Faktorpreis das Wertgrenzprodukt übersteigt, wird die Produktion eingeschränkt. Dies bedeutet eine Bewegung auf der Produktionsfunktion, bis die Grenzproduktivität des Faktors soweit gestiegen ist, daß die Bedingung für ein Gewinnmaximum erfüllt ist.

- Im umgekehrten Fall – das Wertgrenzprodukt übersteigt den Faktorpreis – lohnt eine Ausweitung der Produktion, weil die zusätzlichen Erlöse, nämlich der mit dem Preis bewertete Grenzertrag der zusätzlich eingesetzten Faktormenge, die zusätzlichen Kosten, nämlich den Faktorpreis q, noch übersteigen.

Beispiel: Betrachtet man den *Faktor Arbeit*, entspricht q dem Lohnsatz. Wird unter p das Preisniveau verstanden, so kann nach Umformung von (6) eine interessante Feststellung getroffen werden. Die Bedingung für ein Gewinnmaximum lautet dann *Reallohn gleich Grenzproduktivität*:

$$\frac{q}{p} = \frac{\partial y(r)}{\partial r}$$

Wenn der Lohnsatz erhöht wird, ohne daß die Produktivität oder das Preisniveau in gleichem Umfang zunehmen, dann sinkt die Nachfrage nach dem Faktor Arbeit. Arbeitslosigkeit ist die Folge.

Eine solche Entwicklung war auch in den fünf neuen Bundesländern zu beobachten: Unter dem Eindruck der westlichen Löhne erhöhten die Tarifpartner 1990 das Lohnniveau in den fünf neuen Bundesländern maßgeblich, bevor die Produktivität in gleichem Umfang steigen konnte. Dies war eine wesentliche Ursache der Arbeitslosigkeit dort.

Andererseits kann durch Steigerungen des Preisniveaus (z.B. expansive Geldpolitik) bei konstantem Nominallohn die Faktornachfrage erhöht und die Arbeitslosigkeit gemindert werden, weil hierdurch der Reallohn sinkt (vgl. dazu *Geldpolitik*, 2. erw. Auflage, S. 39, und *Makroökonomik*, Kapitel III).

4 Markt- und Preistheorie

In Kapitel 2 und Kapitel 3 wurde beschrieben, welche Ziele der Haushaltssektor und der Unternehmenssektor verfolgen – Nutzenmaximierung und Gewinnmaximierung – und welche Daten die Sektoren bei ihren Planungen berücksichtigen müssen – Preise, Nutzenfunktionen und Produktionsfunktionen.

Offen geblieben ist die Frage, wie die Vielzahl von Einzelplänen *koordiniert* werden kann, wie die Einkommen *distribuiert* und wie die Produktionsfaktoren *alloziiert* werden sollen. In einer marktwirtschaftlichen Ordnung geschieht dies durch den Markt. Der **Markt** ist der *ökonomische Ort des Tausches, auf dem sich durch das Zusammentreffen von Angebot und Nachfrage die Preisbildung vollzieht.*

4.1 Marktformen

Märkte werden in der Marktformenlehre nach verschiedenen Merkmalen so strukturiert, daß sich die Preisbildung innerhalb der so entstehenden Kategorien in gleicher Weise vollzieht. Am bedeutendsten ist das quantitative Merkmal der Anzahl der am Markt agierenden Wirtschaftssubjekte. Das folgende **Marktformenschema** nach VON STACKELBERG weist neun elementare Marktformen auf:

		Anbieter		
		einer	wenige	viele
Nachfrager	einer	Bilaterales Monopol	Beschränktes Monopson	Monopson
	wenige	Beschränktes Monopol	Bilaterales Oligopol	Oligopson
	viele	Monopol	Oligopol	Polypol

Ein qualitatives Unterscheidungsmerkmal ist der Vollkommenheitsgrad des Marktes. Diesem Merkmal liegt die Vorstellung von einem **vollkommenen Markt** zugrunde, der fünf Eigenschaften hat:

1. *Homogenität* der Güter, d.h. die Güter sind vollkommen gleichartig;

2. *Präferenzlosigkeit* der Marktteilnehmer, d.h. es existieren keine persönlichen Vorlieben oder Abneigungen zwischen den Wirtschaftssubjekten;

3. *Markttransparenz*, d.h. alle Marktteilnehmer sind jederzeit und vollständig über alle relevanten Daten informiert;

4. *Rationalitätsannahme*, d.h. alle Marktteilnehmer verhalten sich rational;

5. *Punktförmigkeit* des Marktes, d.h. der Markt ist räumlich und zeitlich konzentriert; Anpassungsprozesse vollziehen sich sofort und verursachen keine Kosten.

Diese Marktform zeichnet sich durch einen einheitlichen Preis (**Gesetz von der Unter-schiedslosigkeit des Preises**) aus. Würde ein einzelner Anbieter einen höheren Preis verlangen, würde er sofort (Eigenschaften 3 und 5) seinen gesamten (Eigenschaften 1, 2 und 4) Absatz verlieren. Würde er hingegen zu einem niedrigeren Preis anbieten, so erhielte er sofort die gesamte Nachfrage und seine Konkurrenten müßten aus dem Markt scheiden oder ebenfalls den Preis senken.

4.2 Vollständige Konkurrenz

Die Marktform der **vollständigen Konkurrenz** entsteht, indem *Polypol* (quantitatives Merkmal) *und vollkommener Markt* (qualitatives Merkmal) *kombiniert werden*. Dieser in der Wirklichkeit nie anzutreffende Idealtypus hat eine herausragende Bedeutung in der Nationalökonomie, weil er eine vereinfachte theoretische Beschreibung der Anpassungs-mechanismen und Effizienzeigenschaften einer marktwirtschaftlichen Ordnung ermög-licht. Dies geschieht in den folgenden Abschnitten.

4.2.1   Kurzfristiges Marktgleichgewicht

Wir fügen nun die auf S. 21 ermittelte aggregierte Nachfragefunktion und die gemäß S. 45 ermittelte aggregierte Angebotsfunktion zusammen und unterstellen vollständige Konkurrenz. Weil die einzelnen Marktteilnehmer keinen Einfluß auf die Preisbildung haben, nehmen sie den Preis als Datum und planen ihr Angebot bzw. ihre Nachfrage auf der Grundlage des gegebenen Preises. Entscheidungsvariable ist also die Menge, weshalb hier auch von **Mengenanpasserverhalten** gesprochen wird.

Zunächst ist die Frage zu beantworten, ob ein **Marktgleichgewicht** existiert. Dies ist der Fall, wenn die nachgefragte Menge der angebotenen Menge entspricht, also im Schnittpunkt von Angebots- und Nachfragefunktion. In diesem Punkt ist der Markt geräumt *(Markträumung)*, d.h. das gesamte geplante Angebot wird abgesetzt und die gesamte geplante Nachfrage kann befriedigt werden. Zum zweiten ist die *getauschte Menge beim Gleichgewichtspreis maximal*. Bei einem höheren Preis würde die geringere Nachfrage die getauschte Menge begrenzen, bei einem niedrigeren Preis das Angebot. Kein Marktgleichgewicht liegt vor, wenn kein Schnittpunkt zwischen Angebots- und Nachfragefunktion existiert. In diesem Fall gibt es keine Preis-Mengen-Kombination, zu der sowohl alle Nachfrager als auch alle Anbieter ihre Pläne realisieren können.

Anschließend ist zu fragen, ob das Marktgleichgewicht stabil ist. Ein **stabiles Markt-gleichgewicht** liegt vor, wenn *bei Änderung der Daten* (d.h. Verschiebung von Angebots-und/oder Nachfragefunktion) Anpassungsprozesse ausgelöst werden, *die zu einem neu-en Marktgleichgewicht führen*. Um diese Frage beantworten zu können, müssen wir zuerst klären, welche Reaktionen sich bei Angebots- und/oder Nachfrageänderungen ergeben.

In der Abbildung auf der gegenüberliegenden Seite wird ein normaler (= steigender) Verlauf der Angebotsfunktion A_1 sowie ein normaler (= fallender) Verlauf der Nachfra-gefunktion N_1 unterstellt. Mit steigendem Preis steigt dann das Angebot und sinkt die

Nachfrage. Ein Marktgleichgewicht liegt in p_1, y_1 vor.
Erhöht sich das Angebot nun von A_1 auf A_2, z.B.
infolge kostensenkenden technischen Fortschritts,
der die Grenzkostenkurve und damit auch die Angebotsfunktion nach rechts verschiebt, dann übersteigt
beim Preis p_1 das Angebot die Nachfrage. Es entsteht ein **Angebotsüberschuß**. Dieser Angebotsüberschuß kann durch Einschränkung des Angebots und
durch Ausweitung der Nachfrage beseitigt werden.
Beides erfordert eine **Preissenkung**: das neue Marktgleichgewicht entsteht bei p_2, y_2. Wenn sich andererseits die Nachfrage von N_1 auf N_2 erhöht, z.B.
wegen einer Erhöhung der Einkommen, entsteht bei
p_1 ein **Nachfrageüberschuß**. Hier führt eine **Preiser-**

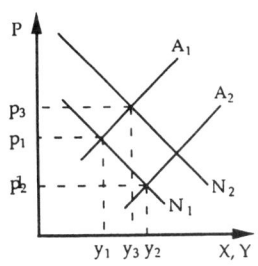

höhung zu einem neuen Gleichgewicht in p_3, y_3, weil die Nachfrage bei Preissteigerungen sinkt, während das Angebot bei Preissteigerungen ausgeweitet wird. *Bei normalem
Verlauf von Angebots- und Nachfragefunktion ist das Marktgleichgewicht also stabil.*

Bei einem atypischen fallenden Verlauf der Angebotsfunktion oder atypischen steigenden
Verlauf der Nachfragefunktion können **instabile Marktgleichgewichte** entstehen; ein
Marktungleichgewicht (z.B. ein Nachfrageüberschuß) wird dann durch die Anpassungs-
reaktion (Preiserhöhung) noch verstärkt und eine *Bewegung weg vom Marktgleichgewicht* entsteht. Trotzdem kann auch bei atypischem Verlauf von Angebots- oder Nachfragefunktion ein stabiles Marktgleichgewicht existieren, wenn das atypische Verhalten
der Nachfrage (des Angebots) durch die Reaktion des Angebots (der Nachfrage)
überkompensiert wird.

Bisher haben wir uns auf die **komparativ-statische Analyse** beschränkt, d.h. lediglich
Anfangs- und Endzustand verglichen. Nun folgt eine **dynamische Analyse** des Stabilitäts-
problems. Hierbei wird der *zeitliche Ablauf des Anpassungsprozesses* betrachtet.

Ein bekanntes Beispiel der dynamischen Analyse der Stabilität von Marktgleichgewichten
ist das **Cobweb-Theorem** (Spinngewebe-Theorem; der Name beruht auf der Assozia-
tion der Anpassungspfade in der graphischen Darstellung mit einem Spinngewebe). Das Modell wird durch folgende Verhaltensgleichungen beschrieben:

$x(p)_t = y(p)_t$ *Gleichgewichtsbedingung.* Sie besagt, daß in jeder Planungsperiode t
                     die Angebotsmenge x gleich der Nachfragemenge y ist. Lagerhaltung
                     ist also ausgeschlossen.

$x_t = x(p)_t$ *Nachfragefunktion.* Die Nachfrage x hängt von dem Preis ab, der sich
                     in der Planungsperiode t bildet.

$y_t = y(p)_{t-1}$ *Angebotsfunktion.* Das Angebot y der Periode t wird auf der Grund-
                     lage des Marktpreises der Vorperiode t-1 geplant. Das Angebot
                     reagiert also verzögert auf Änderungen des Preises.

Aus der Gleichgewichtsbedingung folgt, daß das Angebot der Planungsperiode vollkommen preisunelastisch ist. Das auf der Grundlage der Preise der Vorperiode geplante
Angebot muß "um jeden Preis" abgesetzt werden, weil keine Lagerhaltung möglich ist.
Somit ergibt sich als **kurzfristige Angebotsfunktion** eine Senkrechte. Für die Angebots-
planung der folgenden Periode wird der in t realisierte Marktpreis zugrundegelegt.

Entsprechend der Produktionsfunktion verläuft diese **langfristige Angebotsfunktion** A_l steigend.

Ausgehend vom Gleichgewicht p_0, y_0 in der Periode 0 erhöhe sich die Nachfrage von N_0 auf N_1. Weil die Unternehmen mit p_0 planen, bieten sie in der Periode 1 trotz höherer Nachfrage lediglich y_0 an (kurzfristige Angebotsfunktion A_k). Die Folge ist eine Preissteigerung auf p_1, so daß der Markt geräumt wird. Der Preis p_1 bestimmt nun das Angebotsverhalten in Periode 2 und das Angebot wird auf y_1 ausgeweitet (langfristige Angebotsfunktion A_l). Bei p_1 existiert nun jedoch ein Angebotsüberschuß. Die Menge y_1 kann in Periode 2 nur zu dem niedrigeren Preis p_2 abgesetzt werden. Der Preis sinkt also wieder. Das Angebot für Periode 3 wird nun wiederum auf der Grundlage des Preises p_2 geplant. Weil auch p_2

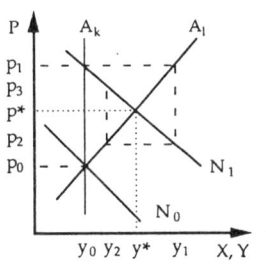

unter dem Gleichgewichtspreis liegt, entsteht erneut ein Nachfrageüberhang. Das Angebot wird nochmals angepaßt. Nachfrage- und Angebotsüberschüsse wechseln einander ab, der Preis steigt und sinkt wieder. Diese Folge von Mengen- und Preisänderungen *konvergiert* in der Abbildung schließlich gegen das neue Marktgleichgewicht, die Überschüsse werden kleiner und die Preisschwankungen geringer. Das *Gleichgewicht ist stabil*, weil keine Marktseite ihre Planung revidieren muß; die Pläne sind nach vielen Versuchen endlich kompatibel.

Ebenso ist aber auch ein instabiles Marktgleichgewicht möglich, wenn die Planänderungen zu immer größeren Abweichungen vom Gleichgewicht führen. In einem solchen *divergierenden* Prozeß nehmen die Preis- und Mengenschwankungen ständig zu; der Markt explodiert. Eine dritte Möglichkeit besteht in konstanten Schwankungen um das Marktgleichgewicht. Dieser *alternierende* Prozeß führt weder weg vom Gleichgewicht, noch führt er zu einer Gleichgewichtssituation.

Ob ein stabiles Gleichgewicht entsteht, hängt von den Steigungen der beiden Kurven ab. Geometrisch läßt sich leicht nachvollziehen, daß ein stabiles Gleichgewicht genau dann zustandekommt, wenn die *Angebotskurve steiler als die Nachfragekurve* verläuft.

Kritisch ist zum Cobweb-Theorem anzumerken, daß die grundlegenden Prämissen (fehlende Lernprozesse bei den Anbietern, keine Lagermöglichkeiten) sehr restriktiv sind. Dennoch wird es in der Wirklichkeit mitunter bestätigt: Anfang des Jahrhunderts stellte man fest, daß das Angebot an Mastschweinen mit etwa einem Jahr Verzögerung auf Preisänderungen reagierte. Dies ist der sogenannte **Schweinezyklus**.

4.2.2 Langfristiges Marktgleichgewicht

Bisher beschränkten wir unsere Betrachtung zum einen auf einzelne Angebotsfunktionen, bei deren Ableitung Fixkosten und damit Kapazitätsobergrenzen angenommen wurden, sowie zum anderen auf eine gegebene Anzahl Unternehmen, deren Angebotsfunktionen zu einer aggregierten Angebotsfunktion addiert wurden.

Nun erweitern wir den Zeithorizont unserer Analyse, indem wir **Kapazitätsänderungen** sowie den **Marktzutritt** neuer Anbieter berücksichtigen. Durch die Annahme variabler Kapazitäten fallen die Fixkosten aus der Betrachtung. Außerdem wird die Möglichkeit der vollständigen Kapazitätseinschränkung, also des **Marktaustritts**, einbezogen. Zur Darstellung des Anpassungsprozesses an ein langfristiges Marktgleichgewicht bedienen wir uns nun folgender Abbildung:

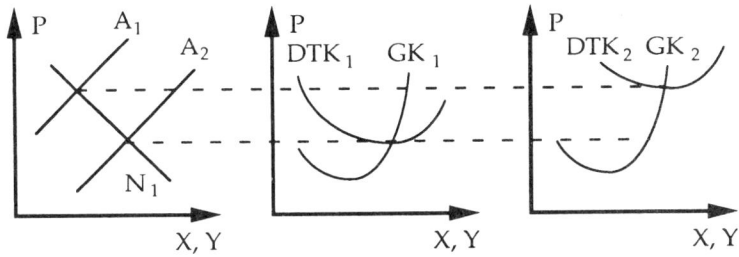

Zwei Anbieter produzieren mit unterschiedlichen Kostenfunktionen. Weil nur ein Marktpreis existiert, entstehen unterschiedliche Stückgewinne. Anbieter 1 (Mitte) realisiert einen Stückgewinn in Höhe der Differenz von Preis und DTK. Anbieter 2 (rechts) hingegen erzielt keinen Gewinn, weil seine Stückkosten so hoch sind, daß sie gerade vom Preis gedeckt werden. Weil dieser Anbieter gerade im Betriebsoptimum poduziert, wird er **Grenz-** oder **Marginalanbieter** genannt. Entsprechend werden Unternehmen, die einen Stückgewinn erzielen, als **intramarginale Anbieter**, und Unternehmen, die einen Stückverlust realisieren, als **submarginale Anbieter** bezeichnet.

In der langfristigen Betrachtung scheiden die submarginalen Anbieter aus dem Markt aus. Die intramarginalen Anbieter ziehen hingegen neue Anbieter an, die an dem realisierbaren Gewinn partizipieren wollen. Durch diesen Marktzutritt erweitert sich das gesamte Marktangebot, und die Angebotsfunktion verschiebt sich nach rechts. Das neue Marktgleichgewicht liegt bei einer höheren Menge und einem niedrigerem Preis. Anbieter, die bisher Stückgewinne realisierten, werden aufgrund des gesunkenen Preises zu Marginalanbietern. Anbieter, die bisher im Betriebsoptimum produzierten, scheiden als submarginale Anbieter nun aus dem Markt aus. Der Anpassungsprozeß endet, wenn alle Anbieter im Betriebsoptimum produzieren. In dieser Situation wird an dem betreffenden Markt kein Gewinn mehr erzielt und der Anreiz entfällt, neu in den Markt einzutreten.

In diesem langfristigen Gleichgewicht sind *nur noch Marginalanbieter im Markt, die im Stückkostenmimimum produzieren* (sie produzieren nach der Grenzkosten-Preis-Regel und damit im Stückkostenminimum, weil die Grenzkostenkurve die Stückkostenkurve in deren Minimum schneidet). Volkswirtschaftlich wird die gesamte Angebotsmenge dann mit der geringstmöglichen Inanspruchnahme von Ressourcen erstellt.

4.2.3 Effizienzeigenschaften

Das Modell der vollständigen Konkurrenz besticht vor allem durch seine Effizienzeigenschaften, die wir nun unter Rückgriff auf die Haushalts- und Unternehmenstheorie beschreiben wollen. Wir legen dabei eine *Modellwirtschaft* mit zwei Haushalten, zwei Gütern und zwei Produktionsfaktoren zugrunde.

Die folgenden Abschnitte werden jeweils mit einer realwirtschaftlichen Untersuchung beginnen, in der die Bedingungen für effizientes Wirtschaften formuliert werden. Diese **Marginalbedingungen** sind jeweils für die Bereiche *Konsumtion*, *Produktion* und *Tausch* zu bestimmen. Anschließend wird dargestellt, wie im Modell der vollständigen Konkurrenz die Marginalbedingungen durch den Preismechanismus erfüllt werden.

Wenn alle Marginalbedingungen erfüllt sind, liegt ein **PARETO-Optimum** vor. Dies ist ein *Zustand maximaler Wohlfahrt, in dem durch eine Umverteilung von Gütern oder Produktionsfaktoren, also eine Änderung der Distribution oder der Allokation, keine Wohlstandssteigerung mehr möglich ist.* D.h., kein Wirtschaftssubjekt kann besser gestellt werden, ohne daß mindestens ein anderes schlechter gestellt würde. Das PARETO-Optimum ist der Maßstab, an dem wir im weiteren effizientes Wirtschaften messen. Es geht im folgenden also um die anfangs erwähnten Grundfragen des Wirtschaftens (vgl. S. 5 ff.), nämlich um die Frage nach der optimalen Distribution der Güter (Abschnitt 4.2.3.1), nach der optimalen Allokation der Produktionsfaktoren (Abschnitt 4.2.3.2) und nach der Koordination dieser beiden Sphären (Abschnitt 4.2.3.3).

4.2.3.1 Tauschoptimum

Hier wird das Distributionsproblem untersucht, d.h. die Frage, wie die gegebenen Mengen x_1, x_2 zweier Güter auf zwei Haushalte H_1, H_2 verteilt werden, so daß *durch Umverteilung das Nutzenniveau eines Haushalts nicht erhöht werden kann, ohne daß der andere Haushalt eine Nutzenminderung erfährt.* Zur Ableitung der hierfür erforderlichen Marginalbedingung bedienen wir uns der **EDGEWORTH-Box**:

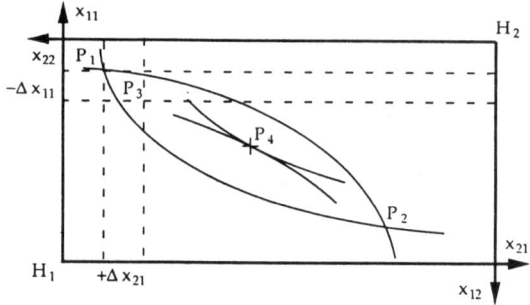

Die EDGEWORTH-Box wird konstruiert, indem die Indifferenzkurvendiagramme (vgl. S. 10 ff.) zweier Haushalte zu einem Rechteck zusammengefügt werden, wobei das Diagramm des zweiten Haushalts um 180 Grad gedreht wird. x_i ist dann die gegebene Menge des Gutes i, die auf die beiden Haushalte zu verteilen ist und x_{ij} ist die Menge des Gutes i, die auf Haushalt j entfällt. Bei zwei Gütern gilt $x_1 = x_{11} + x_{12}$ und $x_2 = x_{21} + x_{22}$.

Betrachten wir die Verteilungen P_1 und P_2. Weil beide Punkte auf gleichen Indifferenzkurven liegen, stiften beide Verteilungen beiden Haushalten gleichen Nutzen. Eine Erhöhung des Nutzenniveaus ist möglich, wenn eine Güterverteilung auf einer höheren Indifferenzkurve realisiert wird. Die Haushalte werden also versuchen, durch Tausch jeweils eine höhere Indifferenzkurve zu erreichen. Dies ist zum Beispiel bei der Güterverteilung P_3 gegeben. Der Haushalt 1 erhält dann Δx_{21} und gibt hierfür Δx_{11} ab. Umgekehrt verfährt Haushalt 2. Im Ergebnis sind beide Haushalte bessergestellt, weil sich beide Haushalte im Vergleich zum Ausgangszustand auf einer höheren Indifferenzkurve befinden. Dieser Tauschprozeß kann fortgesetzt werden, bis die Verteilung P_4 erreicht ist. Diese Verteilung ist PARETO-optimal, weil hier kein Haushalt besser gestellt werden kann, ohne daß der andere schlechter gestellt wird. Der *Tangentialpunkt zweier Indifferenzkurven* stellt also ein **Tauschoptimum** dar.

Diese Wohlstandsteigerung wird erreicht, obwohl die Produktion der Volkswirtschaft unverändert bleibt. Sie beruht lediglich auf der Freiheit, Güter, die relativ geringer bewertet werden, gegen Güter, die relativ höher bewertet werden, tauschen zu können.

Wir wollen die Bedingung für ein Tauschoptimum nun analytisch formulieren. Die Steigung der an die Indifferenzkurve gelegten Tangente entspricht der Grenzrate der Substitution (vgl. S. 11). Weil sich die Indifferenzkurven der zwei Haushalte im Tauschoptimum tangieren, sind auch die Grenzraten der Substitution gleich. Die *Gleichheit der Grenzraten der Substitution* ist die **erste Marginalbedingung** für das Vorliegen eines Pareto-Optimums. Entsinnen wir uns, daß die Grenzrate der Substitution dem umgekehrten Verhältnis der Grenznutzen entspricht (vgl. S. 12), so können wir die erste Marginalbedingung erweitern. Im Tauschoptimum gilt dann die *Gleichheit der Grenznutzenverhältnisse.*

1. Marginalbedingung: $\dfrac{dx_{21}}{dx_{11}} = \dfrac{dx_{22}}{dx_{12}}$ oder $\dfrac{\frac{\partial U_1}{\partial x_{11}}}{\frac{\partial U_1}{\partial x_{21}}} = \dfrac{\frac{\partial U_2}{\partial x_{12}}}{\frac{\partial U_2}{\partial x_{22}}}$

Gleichheit der Grenzraten der Substitution zweier Haushalte oder
Gleichheit der Grenznutzenverhältnisse zweier Haushalte

Es gibt jedoch nicht ein Tauschoptimum, sondern unendlich viele, weil auch unendlich viele Tangentialpunkte zwischen den Indifferenzkurven möglich sind. Verbindet man alle Tangentialpunkte in der EDGEWORTH-Box, so entsteht eine Kurve. Diese Kurve heißt **Kontraktkurve** (Abbildung nächste Seite oben) und ist der *geometrische Ort aller PARETO-optimalen Güterverteilungen.* Welche PARETO-optimale Verteilungssituation letzlich entsteht, hängt von der Ursprungsverteilung ab. Hier zeigt sich die geringe Aussagekraft des PARETO-Kriteriums. Eine Verteilung gilt auch dann als optimal, wenn z.B. der

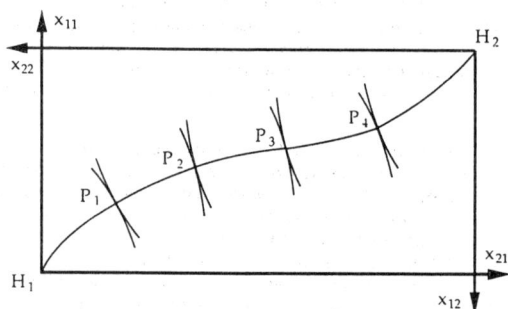

Haushalt 1 über keinerlei Güter, der Haushalt 2 hingegen über alle Güter verfügt, wie es in Punkt H_1 der Fall ist.

Im Modell der vollständigen Konkurrenz wird das Tauschoptimum durch das Preissystem realisiert. Weil Markttransparenz angenommen wird, gelten für beide Haushalte gleiche Preise. Die Preisverhältnisse sind somit ebenfalls gleich (1). Im Haushaltsgleichgewicht gilt ferner die Gleichheit von Grenzrate der Substitution und umgekehrtem Preisverhältnis (vgl. S. 13; (2)). Indem wir (2) in (1) einsetzen (3), sehen wir, daß im Modell der vollständigen Konkurrenz die erste Marginalbedingung erfüllt ist.

(1) $-\dfrac{p_{21}}{p_{11}} = -\dfrac{p_{22}}{p_{12}}$ mit $p_1 = p_{11} = p_{12}$ und $p_2 = p_{21} = p_{22}$

(2) $\dfrac{dx_{11}}{dx_{21}} = -\dfrac{p_{21}}{p_{11}}$ und $\dfrac{dx_{12}}{dx_{22}} = -\dfrac{p_{22}}{p_{12}}$

(3) $\dfrac{dx_{11}}{dx_{21}} = \dfrac{dx_{12}}{dx_{22}}$

4.2.3.2 Produktionsoptimum

Nun ist die Frage zu beantworten, wie ein gegebener Bestand an Ressourcen effizient auf die Produktion verschiedener Güter verteilt wird. Zur graphischen Darstellung dieses Allokationsproblems greifen wir wiederum auf die EDGEWORTH-Box zurück. Diesmal werden allerdings zwei Isoquantendiagramme in eine Box transformiert. Es wird also die Produktion zweier Güter Y_1 und Y_2 untersucht, wobei wir uns auf substitutionale Produktionsfunktionen beschränken. Die Achsenschnittpunkte kennzeichnen den gegebenen Bestand zweier Produktionsfaktoren r_1 und r_2.

Die Punkte P_1 und P_2 symbolisieren unterschiedliche Faktorverteilungen. Weil sie jedoch auf gleichen Isoquanten liegen, bleiben die Produktionsmengen der Güter Y_1 und Y_2 davon unberührt. Durch eine Umverteilung der Produktionsfaktoren kann die Produktion beider Güter erhöht werden, wenn hierdurch höhere Isoquanten erreicht werden. Dies ist bei allen Faktorverteilungen innerhalb der durch P_1 und P_2 begrenzten Linse der Fall.

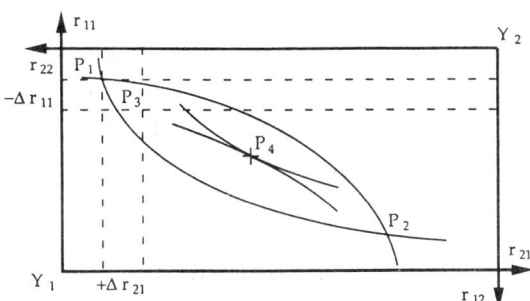

Beispielsweise wird durch Umverteilung auf P_3 Δr_{11} des Faktors r_1 aus der Produktion des Gutes Y_1 abgezogen und in der Produktion des Gutes Y_2 eingesetzt. Gleichzeitig wird der Faktor r_2 in Höhe von Δr_{21} von der Produktion Y_2 in die Produktion Y_1 verlagert. Im Ergebnis wird trotz gleicher volkswirtschaftlicher Faktorausstattung sowohl von Y_1 als auch von Y_2 mehr produziert als im Ausgangszustand P_1. Durch weitere Umverteilungen kann die Gesamtproduktion erhöht werden, bis die Verteilung P_4 erreicht ist. Diese Faktorallokation ist PARETO-optimal, weil durch keine Umverteilung der Faktoren von einem Gut mehr produziert werden kann, ohne daß von dem anderen Gut weniger produziert wird. Das **Produktionsoptimum** ist erreicht. Es liegt im *Tangentialpunkt zweier Isoquanten.*

Im Tangentialpunkt haben beide Isoquanten die gleiche Steigung. In Abschnitt 3.2.3.3 sahen wir, daß die Steigung einer Isoquante der Grenzrate der technischen Substitution entspricht (vgl. S. 30). Folglich ist die *Gleichheit der Grenzraten der technischen Substitution* Bedingung für eine optimale Faktorallokation. Dies ist die **zweite Marginalbedingung.** Erinnern wir uns auch, daß die Grenzrate der technischen Substitution dem umgekehrten Verhältnis der Grenzproduktivitäten entspricht (vgl. S. 31), so können wir die dritte Marginalbedingung auch als die Forderung nach *Gleichheit der Grenzproduktivitätsverhältnisse* formulieren.

---

2. Marginalbedingung: $\dfrac{dr_{21}}{dr_{11}} = \dfrac{dr_{22}}{dr_{12}}$ oder $\dfrac{\partial y_1/\partial r_{11}}{\partial y_1/\partial r_{21}} = \dfrac{\partial y_2/\partial r_{12}}{\partial y_2/\partial r_{22}}$

Gleichheit der Grenzraten der technischen Substitution oder
Gleichheit der Grenzproduktivitätsverhältnisse zweier Faktoren

---

Im vorherigen Abschnitt stellten wir fest, daß es unendlich viele Tauschoptima gibt, die eine Kontraktkurve bildeten. Wenn alle Tangentialpunkte verbunden werden, entsteht analog eine **Effizienzkurve,** die alle optimalen Faktorallokationen darstellt. Wie bei den Tauschoptima gibt es unendlich viele Produktionsoptima.

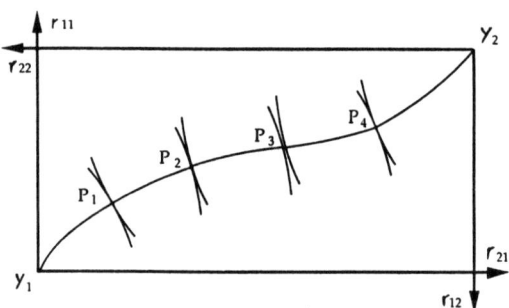

Wiederum unbeantwortet bleibt die Frage, wie die Güterproduktion aufzuteilen ist. Das PARETO-Kriterium wertet z.B. sowohl eine Produktion P_3 als auch die ausschließliche Produktion des Gutes Y_2 als optimal im Sinne einer effizienten Ressourcenverwertung. Hier müssen also die Präferenzen der Haushalte herangezogen werden, um eine Aufteilung vornehmen zu können. Dies geschieht im nächsten Abschnitt.

Doch wie werden im Modell der vollständigen Konkurrenz die Produktionspläne so miteinander koordiniert, daß die Ressourcenverwertung optimal ist und ein Produktionsoptimum realisiert wird? Die Antwort ist dieselbe wie beim Tauschoptimum: mit dem Preissystem. Hier wirken allerdings die Faktorpreise auf die Realisierung des Produktionsoptimums.

Weil die Unternehmen nach Gewinnmaximierung streben, werden sie Faktoren solange nachfragen, bis der Faktorpreis dem Wertgrenzprodukt entspricht (vgl. S. 46; (1)). Im Modell der vollständigen Konkurrenz sind sowohl Güter- als auch Faktormärkte vollkommene Märkte. Die Güter- und Faktorpreise sind also für alle Produzenten gleich. Somit können die Gleichungen in (1) jeweils für Produzent 1 und für Produzent 2 nach p_1 bzw. p_2 aufgelöst und gleichgesetzt werden. Nach Umstellung ergibt sich dann (2). Weil die Faktorpreise für beide Produzenten gleich sind, sind auch die Preisverhältnisse gleich, und die Gleichungen in (2) können in (3) gleichgesetzt werden. Das Ergebnis ist die *Gleichheit der Grenzproduktivitätsverhältnisse*, also das Produktionsoptimum. Damit ist auch die 2. Marginalbedingung erfüllt.

(1) $q_{11} = p_1 \dfrac{\partial y_1}{\partial r_{11}}$; $q_{21} = p_1 \dfrac{\partial y_1}{\partial r_{21}}$ für Produzent 1

        $q_{12} = p_2 \dfrac{\partial y_2}{\partial r_{12}}$; $q_{22} = p_2 \dfrac{\partial y_2}{\partial r_{22}}$ für Produzent 2

(2) $\dfrac{q_{11}}{q_{21}} = \dfrac{\partial y_1 / \partial r_{11}}{\partial y_1 / \partial r_{21}}$ für Produzent 1

        $\dfrac{q_{12}}{q_{22}} = \dfrac{\partial y_2 / \partial r_{12}}{\partial y_2 / \partial r_{22}}$ für Produzent 2

(3) $\dfrac{\partial y_1 / \partial r_{11}}{\partial y_1 / \partial r_{21}} = \dfrac{q_1}{q_2} = \dfrac{\partial y_2 / \partial r_{12}}{\partial y_1 / \partial r_{22}}$

4.2.3.3 Sozialökonomisches Optimum

Wir haben bisher festgestellt, daß bei vollständiger Konkurrenz die Haushalte durch ihr Streben nach Nutzenmaximierung ein Tauschoptimum und die Unternehmen durch ihr Streben nach Gewinnmaximierung ein Produktionsoptimum erzielen. Die Frage ist nun, wie die Konsumtions- und die Produktionspläne *koordiniert* werden, d.h. wie gleichzeitig Tausch- und Produktionsoptimum realisiert werden.

Zur Beantwortung dieser Frage greifen wir auf ein bereits angesprochenes Analyseinstrument zurück, die Transformationskurve (vgl. S. 6). Mit ihr können Tausch- und Produktionsoptimum in einer Abbildung integriert werden. Um die Transformationskurve zu bilden, ordnen wir jeder Faktorkombination der Effizienzkurve (vgl. S. 56) die Produktionsmengen y_1 und y_2 zu. Anschließend werden diese Mengenkombinationen in ein y_1-y_2-Diagramm übertragen.

Die **Transformationskurve** (Produktionsmöglichkeitskurve) ist der *geometrische Ort aller effizienten Gütermengenkombinationen, die unter Verwendung aller verfügbaren Ressourcen produziert werden können.* Punkte <u>unterhalb</u> der Kurve bedeuten, daß Ressourcen ineffizient verwendet werden oder ungenutzt bleiben. Punkte <u>oberhalb</u> der Kurve sind bei gegebenem Bestand an Faktoren, gegebener Technologie und ohne Außenhandel nicht erreichbar (bei Aufnahme von Außenhandel sind auch Punkte oberhalb der Kurve erreichbar - vgl. ausführlich **Außenwirtschaft**, S. 7-24). Der konkave Verlauf der Kurve erklärt sich aus der Tatsache, daß die Mehrproduktion eines Gutes nur möglich ist, wenn die Produktion des anderen Gutes eingeschränkt wird.

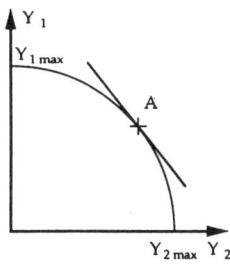

Dieses Austauschverhältnis, also eine *infinitesimale Mehrproduktion eines Gutes im Verhältnis zu der hierzu erforderlichen infinitesimal kleinen Minderproduktion des anderen Gutes*, ist die **Grenzrate der Transformation** dy_1 / dy_2. Die Grenzrate der Transformation entspricht der Steigung der an die Kurve gelegten Tangente.

Grenzrate der Transformation

= Austauschverhältnis zweier Güter bei Verwendung aller Ressourcen

$= \dfrac{\text{infinitesimal kleine Mehrproduktion des einen Gutes}}{\text{infinitesimal kleine Minderproduktion des anderen Gutes}} = \dfrac{dy_1}{dy_2}$

= Steigung der an die Transformationskurve gelegten Tangente

Zur mathematischen Ableitung der Grenzrate der Transformation bewegen wir uns auf der Transformationskurve nach rechts. Diese Bewegung bedeutet eine Minderung der Produktion des Gutes Y_1 und eine Erhöhung der Produktion des Gutes Y_2. Das Ausmaß der Produktionsänderungen dy_1 und dy_2 wird jeweils als Summe der mit ihren Grenzproduktivitäten gewichteten Faktoreinsatzmengenänderungen ermittelt (1-2). Nach Umstellung dieser Gleichungen erhält man (3) und (4). Da auf der Transformationskurve im Produktionsoptimum produziert wird, gilt für jeden Punkt die zweite Marginalbedingung, nämlich die Gleichheit der Grenzproduktivitätsverhältnisse (5). Weil außerdem auch (6) gilt, denn die Faktormengen, die aus einer Produktion abgezogen werden, sind gleich den Faktormengen, die in der anderen Produktion zusätzlich eingesetzt werden, enthalten die Klammerausdrücke in (3) und (4) Gleiches. Wird somit (3) durch (4) dividiert, fallen die Klammerausdrücke weg, und es ergibt sich (7). Damit gilt: Die (absolute) Grenzrate der Transformation dy_1/dy_2 ist gleich dem Verhältnis der Grenzproduktivitäten eines Faktors in der Produktion der beiden Güter (8).

(1) $\quad dy_1 = \dfrac{\partial y_1}{\partial r_{11}} \cdot dr_{11} + \dfrac{\partial y_1}{\partial r_{21}} \cdot dr_{21}$

(2) $\quad dy_2 = \dfrac{\partial y_2}{\partial r_{12}} \cdot dr_{12} + \dfrac{\partial y_2}{\partial r_{22}} \cdot dr_{22}$

(3) $\quad dy_1 = \dfrac{\partial y_1}{\partial r_{11}} \cdot dr_{11} \cdot \left(1 + \dfrac{dr_{21}}{dr_{11}} \cdot \dfrac{\dfrac{\partial y_1}{\partial r_{21}}}{\dfrac{\partial y_1}{\partial r_{11}}} \right)$

(4) $\quad dy_2 = \dfrac{\partial y_2}{\partial r_{12}} \cdot dr_{12} \cdot \left(1 + \dfrac{dr_{22}}{dr_{12}} \cdot \dfrac{\dfrac{\partial y_2}{\partial r_{22}}}{\dfrac{\partial y_2}{\partial r_{12}}} \right)$

(5) $\quad \dfrac{\dfrac{\partial y_1}{\partial r_{21}}}{\dfrac{\partial y_1}{\partial r_{11}}} = \dfrac{\dfrac{\partial y_2}{\partial r_{22}}}{\dfrac{\partial y_2}{\partial r_{12}}}$

(6) $\quad \dfrac{dr_{21}}{dr_{11}} = \dfrac{dr_{22}}{dr_{12}}$

(7) $\quad \dfrac{dy_1}{dy_2} = \dfrac{\dfrac{\partial y_1}{\partial r_{11}} \cdot dr_{11}}{\dfrac{\partial y_2}{\partial r_{12}} \cdot dr_{12}} = \dfrac{\dfrac{\partial y_1}{\partial r_{11}}}{\dfrac{\partial y_2}{\partial r_{12}}}$

(8) $\quad \dfrac{dy_1}{dy_2} = \dfrac{\partial y_1}{\partial r_{11}} : \dfrac{\partial y_2}{\partial r_{12}}$
 (absolute) Grenzrate der Transformation = Verhältnis der Grenzproduktivitäten eines Faktors in der Produktion der beiden Güter

Nun können wir die Kontraktkurve, welche alle Tauschoptima abbildet, und die Transformationskurve, welche alle Produktionsoptima abbildet, verbinden, indem wir die aus den zwei Indifferenzkurvendiagrammen gebildete EDGEWORTH-Box (vgl. S. 52) in die Transformationskurve legen (Abbildung gegenüberliegende Seite).

Im Punkt P berühren sich EDGEWORTH-Box und Transformationskurve. In diesem Punkt sind die zur Verteilung vorhandenen Gütermengen, ausgedrückt durch die Kantenlängen der EDGEWORTH-Box, identisch mit den produzierten Gütermengen, welche den Koordinaten des Punktes P entsprechen.

Zur Beantwortung der Frage, wie die Probleme der Allokation (Produktionsoptimum) und der Distribution (Tauschoptimum) simultan zu lösen sind, wollen wir die beiden entsprechenden Marginalbedingungen kurz interpretieren. Die Gleichheit der Grenzraten der Substitution (Tauschoptimum) bedeutet nichts anderes, als daß beide Haushalte zur

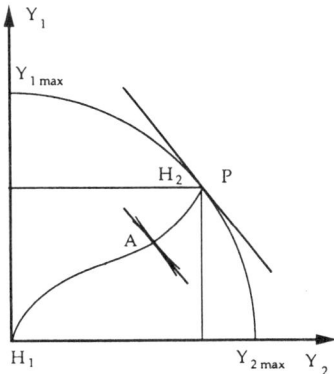

Kompensation der Nutzenminderung bei Verzicht auf eine Einheit x_2 die gleiche Menge x_1 fordern. Die *Opportunitätskosten* (Alternativkosten) des Konsums der letzten Einheit x_2, nämlich der Verzicht auf den Konsum einer entsprechenden Menge x_1, sind also für beide Haushalte identisch. Deshalb erfolgt auch kein Tausch mehr. Auf der anderen Seite drückt die Grenzrate der Transformation die volkswirtschaftlichen Opportunitätskosten aus. Diese bestehen darin, daß zur Produktion einer zusätzlichen Einheit y_2 auf eine gewisse Menge y_1 verzichtet werden muß. Führen wir diese beiden Wertsysteme zusammen, so liegt ein Optimum dann vor, wenn die in Gütereinheiten gemessenen Opportunitätskosten des Konsums mit den volkswirtschaftlichen Opportunitätskosten zusammenfallen. In diesem Fall spricht man von einem **sozialökomonischen Optimum,** oder aber der dritten Marginalbedingung.

> **3. Marginalbedingung :**
> $$\frac{dx_1}{dx_2} = \frac{dy_1}{dy_2}$$
>
> **Grenzrate der Substitution gleich Grenzrate der Transformation**

Beispiel: $\quad -\dfrac{dy_1}{dy_2} = \dfrac{1}{3} \quad$ und $\quad -\dfrac{dx_1}{dx_2} = \dfrac{2}{3}$

In diesem Beispiel sind die beiden Grenzraten ungleich. Bei Verzicht auf die Produktion einer Einheit des Gutes 1 können drei Einheiten des Gutes 2 produziert werden. Für drei Einheiten des Gutes 2 würden die Haushalte aber sogar auf zwei Einheiten des Gutes 1 verzichten. Die Haushalte schätzen somit das Gut 2 höher, als es den volkswirtschaftlichen Opportunitätskosten entspricht. Eine Umstellung der Produktion auf Gut 2 würde die Wohlfahrt erhöhen.

Wie werden aber Konsumtions- und Produktionspläne bei vollständiger Konkurrenz koordiniert, so daß die dritte Marginalbedingung erfüllt ist und ein sozialökonomisches Optimum vorliegt? Der Haushalt richtet als Nutzenmaximierer seine Dispositionen so ein, daß die Grenzrate der Substitution gleich dem Preisverhältnis ist (vgl. S. 14):

(1) $\dfrac{dx_2}{dx_1} = \dfrac{p_1}{p_2}$

In Abschnitt 3.4.2 wurde nachgewiesen, daß ein gewinnmaximierendes Unternehmen nach der Regel Faktorpreis gleich Wertgrenzprodukt produziert (vgl. S. 46; (2)). Weil der Preis eines Faktors auf vollkommenen Märkten für alle Nachfrager gleich ist, können wir (2a) und (2c) in (3) gleichsetzen. Nach Auflösung entsteht (4). Wie wir oben nachgewiesen haben, entspricht die Grenzrate der Transformation dem Verhältnis der Grenzproduktivitäten eines Faktors in den beiden Verwendungen (vgl. S. 58). Somit kann die Grenzrate der Transformation in (4) eingefügt werden, und wir erhalten (5).

(2)   (a) $q_{11} = p_1 \dfrac{\partial y_1}{\partial r_{11}}$;   (b) $q_{21} = p_1 \dfrac{\partial y_1}{\partial r_{21}}$ für Produzent 1

(c) $q_{12} = p_2 \dfrac{\partial y_2}{\partial r_{12}}$;   (d) $q_{22} = p_2 \dfrac{\partial y_2}{\partial r_{22}}$ für Produzent 2

(3) $p_1 \cdot \dfrac{\partial y_1}{\partial r_{11}} = p_2 \cdot \dfrac{\partial y_2}{\partial r_{12}}$ (4) $\dfrac{p_1}{p_2} = \dfrac{\dfrac{\partial y_2}{\partial r_{12}}}{\dfrac{\partial y_1}{\partial r_{11}}}$

(5) $\dfrac{p_1}{p_2} = \dfrac{\dfrac{\partial y_2}{\partial r_{12}}}{\dfrac{\partial y_1}{\partial r_{11}}} = \dfrac{dy_2}{dy_1}$ (6) $\dfrac{dx_2}{dx_1} = \dfrac{p_1}{p_2} = \dfrac{dy_2}{dy_1}$

Nun sehen wir, daß Konsumtionssektor und Produktionssektor durch den Preismechanismus koordiniert werden. Bei nutzenmaximierendem bzw. gewinnmaximierendem Verhalten orientieren beide Sektoren ihre Planungen am Preisverhältnis. Durch Gleichsetzen von (1) und (5) ergibt sich (6), die dritte Marginalbedingung. Damit sind alle drei Marginalbedingungen erfüllt.

4.3 Monopol

In der Realität spielt die Marktform der vollständigen Konkurrenz jedoch kaum eine Rolle. Um die Preisbildung auf tatsächlichen Märkten zu erklären, muß oft eine monopolistische oder oligopolistische Marktform zugrunde gelegt werden. Wir wollen mit dem Monopolfall beginnen.

Beim Monopol treffen viele Nachfrager auf einen Anbieter (vgl. S. 47). Der Anbieter hat die Möglichkeit, den Marktpreis zu beeinflussen: Er kann entweder einen Preis setzen und die dann nachgefragte Menge decken (**Preisfixierer**) oder er bietet eine bestimmte Menge an und der Preis bildet sich aufgrund der Nachfrage (**Mengenfixierer**).

4.3.1 Preis–Absatz–Funktion

In beiden Fällen muß der Monopolist mutmaßen, welche Menge x zu einem gegebenen Preis nachgefragt wird oder welcher Preis p sich bei einer gegebenen Angebotsmenge bilden wird. Dieser Zusammenhang führt zur vermuteten Nachfragefunktion x = x(p). Weil aber der Preis die Aktionsvariable des Monopolisten ist, wandelt sich die Nachfragefunktion zu p = p(x) und wird **Preis-Absatz-Funktion** (PAF) genannt.

Bei der Annahme einer *linear fallenden Nachfragefunktion* ergibt sich (1) als allgemeine Form der Preis-Absatz-Funktion; a und b sind beliebige Konstanten größer Null. Der Punkt C wird **Sättigungsmenge** genannt. Der Erlös E ist das Produkt aus Preis und Absatzmenge (2). Er hat sein Maximum bei Angebot der halben Sättigungsmenge: Die erste Ableitung der Erlösfunktion ergibt die Funktion des Grenzerlöses E' (3). Im Maximum der Erlösfunktion, d.h. bei der halben Sättigungsmenge, ist dieser Null; die Grenzerlöskurve schneidet hier die Abszisse.

(1) $\quad p = a - b \cdot x$
(2) $\quad E = p \cdot x = (a - b \cdot x) \cdot x$
$\qquad \quad = a \cdot x - b \cdot x^2$
(3) $\quad E' = a - 2 \cdot b \cdot x$

Für die Preiselastizität ergeben sich drei Bereiche:

I.   A bis B: $\eta_{x,p} < -1$
II. in B: $\eta_{x,p} = -1$
III. B bis C: $\eta_{x,p} > -1$

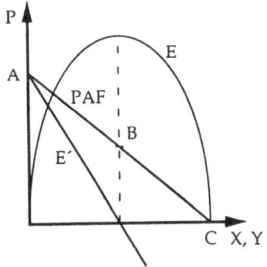

Für den Monopolisten ist nur der elastische Bereich zwischen A und B interessant, weil im unelastischen Bereich zwischen B und C eine Minderung des Preises um x % zu einer Ausweitung der Nachfragemenge um <u>weniger</u> als x % führt, d.h. der Erlös verringert sich. Um den Zusammenhang zwischen Grenzerlös und Preiselastizität zu ermitteln, wird die Erlösfunktion (1) nach der Menge x abgeleitet. Weil auch der Preis gemäß der Preis-Absatz-Funktion von der Menge abhängt, muß zur Ableitung die Produktregel verwendet werden (2). Nach Umstellung erhalten wir (4), die **AMOROSO-ROBINSON-Relation**. Damit entspricht der Grenzerlös beim Monopol nicht dem Preis, wie es bei vollständiger Konkurrenz der Fall war.

(1) $\quad E = p \cdot x$

(2) $\quad E' = p \cdot x' + p' \cdot x = p \cdot \dfrac{dx}{dx} + \dfrac{dp}{dx} \cdot x$

(3) $\quad E' = p \cdot \left(1 + \dfrac{dp}{dx} \cdot \dfrac{x}{p} \right)$

(4) $\quad E' = p \cdot \left(1 + \dfrac{1}{\dfrac{dx}{dp} \cdot \dfrac{p}{x}} \right) = p \cdot \left(1 + \dfrac{1}{\eta_{x,p}} \right)$

4.3.2 Produktionsgleichgewicht

Auch der Monopolist strebt nach Gewinnmaximierung und befindet sich im Produktionsgleichgewicht, wenn dieses Ziel realisiert ist. Ein Gewinnmaximum liegt vor, wenn die erste Ableitung der Gewinnfunktion null ist und die zweite Ableitung negativ. Also gilt auch für den Monopolisten die Bedingung *Grenzerlös gleich Grenzkosten* (vgl. S. 42). Das Gewinnmaximum kann geometrisch mit zwei Verfahren ermittelt werden.

Das erste Verfahren beruht auf den Kosten- und Erlöskurven. Weil die Grenzkostenfunktion der Steigung der Kostenfunktion und die Grenzerlösfunktion der Steigung der Erlösfunktion entspricht, liegt ein **Gewinnmaximum** dort vor, wo *beide Kurven die gleiche Steigung haben*. Dies ist in y_c der Fall.

Beim zweitem Verfahren werden Grenzerlös- und Grenzkostenkurven untersucht. Hier liegt das **Gewinnmaximum** im *Schnittpunkt von Grenzerlös- und Grenzkostenkurve*. Will man die zugehörige Preis-Mengen-Kombination ermitteln, so muß man vom Schnittpunkt auf die Preis-Absatz-Funktion heraufloten. Man erhält die Kombination (p_c, x_c).

Der Punkt (p_c, x_c) wird **COURNOT-Punkt** genannt.

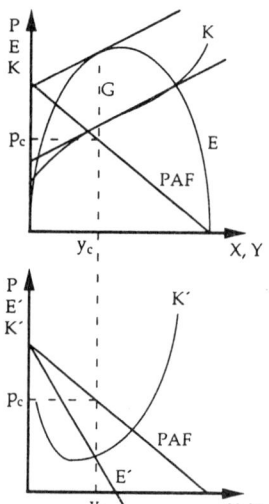

4.3.3 Effizienzeigenschaften

Abschließend ist die Frage zu beantworten, wie die Marktform Monopol im Hinblick auf die Wohlfahrtswirkungen zu beurteilen ist. Hierzu benutzen wir das Modell der vollständigen Konkurrenz als **Referenzsystem**, weil in dieser Marktform PARETO-optimale Ergebnisse erzielt werden. Die Abbildung auf der gegenüberliegenden Seite stellt die Marktergebnisse der beiden Marktformen gegenüber.

C	Monopolgleichgewicht
K	Konkurrenzgleichgewicht
p_c	Cournotpreis
y_c	Cournotmenge
p_k	Konkurrenzpreis
y_k	Konkurrenzmenge
PAF	Preis-Absatz-Funktion
K'	Grenzkostenfunktion
E'	Grenzerlösfunktion

Wir sehen, daß der Monopolpreis p_c über dem Konkurrenzpreis p_k liegt und die Angebotsmenge des Monopols y_c kleiner ist als die bei vollständiger Konkurrenz angebotene Menge y_k. Dabei werden allerdings gleiche (hier ertragsgesetzliche) Kostenverläufe angenommen. Interessant ist nun die Gewinnsituation des Monopolisten im Vergleich zu einem Polypolisten. Der Monopolist erzielt nämlich einen **Monopolgewinn**, der sich als Differenz der Gewinne bei monopolistischer und bei polypolistischer Marktform ergibt. Er stellt also eine Rente dar, die dem Monopolisten lediglich aufgrund seiner Marktposition zufließt. Wir ermitteln den Monopolgewinn nun graphisch ausgehend vom Konkurrenzgleichgewicht K in zwei Schritten:

1. Aus der Einschränkung der Absatzmenge (Bewegung von K nach A) resultiert eine Erlösminderung $\Delta E = (y_k - y_c) \cdot p_k$ (Fläche AKy_ky_c), eine Kostenminderung in Höhe von $\Delta K = {}_{y_c}\int^{y_k} K' \cdot dy$ (Fläche BKy_ky_c) und folglich die Gewinnminderung $\Delta G = \Delta E - \Delta K$ (Fläche ABK).

2. Aus der Preiserhöhung (Bewegung von A nach C) resultiert die Erlössteigerung $\Delta E = y_c \cdot (p_c - p_k)$, keine Kostenänderung ($\Delta K = 0$) und folglich die Gewinnsteigerung $\Delta G = \Delta E$ (Fläche CAp_kp_c).

Der Monopolgewinn ist also gleich der *Differenz der Flächen CAp_kp_c und ABK*.

Er hängt damit vom Verlauf der Nachfrage- und Angebotsfunktion ab, und zwar in folgender Weise:

1. Je kleiner in K die Angebotselastizität $\eta_{y,p}$ (vgl. S. 45) ist, desto größer ist die Steigung der Grenzkostenkurve in K und desto kleiner ist der Monopolgewinn.

2. Je größer der Betrag der Nachfrageelastizität $|\eta_{x,p}|$ (vgl. S. 15) in K ist, desto kleiner ist die Steigung der PAF und desto kleiner ist der Monopolgewinn.

Im langfristigen Marktgleichgewicht sinkt der Gewinn bei vollständiger Konkurrenz durch ständigen Marktzutritt auf Null. Für den Monopolisten entsteht hingegen auch langfristig ein Gewinn, sofern keine Konkurrenten auf den Markt treten.

Als Ergebnis ist festzuhalten, daß die *Monopolisierung eines Marktes zu Wohlfahrtsminderungen führt*, weil im Vergleich zur vollständigen Konkurrenz eine geringere Menge zu einem höheren Preis verkauft wird. Das Realeinkommen der Haushalte sinkt; es kann nur noch eine niedrigere Indifferenzkurve mit entsprechenden Nutzeneinbußen realisiert werden. Das sozialökonomische Optimum wird verfehlt, weil der Monopolpreis überhöht ist und die dritte Marginalbedingung nicht erfüllt wird.

4.4 Oligopol

Im Oligopol treffen wenige Anbieter auf viele Nachfrager (im Spezialfall des **Dyopols**: zwei Anbieter auf viele Nachfrager). Hier ist die Preisbildung komplizierter als bei vollständiger Konkurrenz oder im Monopol, weil das Ergebnis von den Annahmen über das **Verhalten der Oligopolisten** abhängt, die sich kooperativ verhalten können oder nicht:

- Bei **kooperativem Verhalten** bilden die Oligopolisten ein *Kartell* und bieten eine Menge an, die den gemeinsamen Gewinn maximiert. Das Gleichgewicht wird *Kollusionslösung* genannt und entspricht dem des Monopolfalls.

- Bei **nichtkooperativem Verhalten** maximieren die Oligopolisten ihren individuellen Gewinn. Sie konkurrieren also miteinander. Abhängig davon, ob die Oligopolisten die Reaktionen der Konkurrenten antizipieren, wird zwischen autonomem und heteronomem Verhalten unterschieden:

  - Bei **autonomem Verhalten** rechnet der Oligopolist nicht mit Reaktionen der Konkurrenten auf seine Angebotsentscheidung;

  - bei **heteronomem Verhalten** kalkuliert er die Reaktionen der Konkurrenten ein.

Wenn wir uns auf den Spezialfall des Dyopols beschränken, können drei Fälle unterschieden werden:

- *Beide Dyopolisten verhalten sich autonom.* Dann betrachtet jeder Dyopolist lediglich den ihm vom Konkurrenten hinterlassenen Markt bei der Bestimmung der ihm möglichen Absatzmenge. Hat beispielsweise der Konkurrent 25 Mengeneinheiten ausgebracht und sind max. 100 Mengeneinheiten absetzbar (Sättigungsmenge), beträgt die subjektiv maximal mögliche Menge 75 Mengeneinheiten. Beide Dyopolisten bieten dann jeweils einen bestimmten Teil dieser subjektiv maximal möglichen Angebotsmenge an (und zwar im üblichen Beispiel einer Produktion ohne Kosten 50 % davon, weil dann der Umsatz (= Gewinn!) maximiert wird). Als Ergebnis dieses wechselseitigen Prozesses werden insgesamt 2/3 der objektiv maximal möglichen Menge ausgebracht (**COURNOTsche 2/3-Lösung**).

- *Ein Dyopolist verhält sich autonom, der andere heteronom.* In diesem Fall wird unterstellt, daß ein Anbieter die Reaktionen des Konkurrenten auf seine Angebotsentscheidungen kennt. Dieser Anbieter befindet sich dann in der *Unabhängigkeitsposition* und der andere Anbieter in der *Abhängigkeitsposition*. Der erstgenannte Anbieter kann dann seinen Gewinn in Abhängigkeit von verschiedenen Angebotsmengen unter Einbeziehung der Angebotsmengen seines Konkurrenten bestimmen. Er wählt die Angebotsmenge, die seinen individuellen Gewinn maximiert (**VON STACKELBERG-Lösung**). Als Ergebnis werden diesmal 3/4 der objektiv maximal möglichen Menge ausgebracht; davon erhält der heteronome Dyopolist freilich 2/4 und der autonome Dyopolist nur 1/4.

- *Beide Dyopolisten verhalten sich heteronom;* jeder betrachtet den Markt als sein "alleiniges Terrain". In diesem Fall wird die Sättigungsmenge ausgebracht. Beide Dyopolisten werden dann keinen Gewinn erzielen (**BOWLEY-Lösung** oder ruinöse Konkurrenz).

5 Kontrollfragen
5.1 Fragestellungen

1. Beschreiben Sie den Wirtschaftskreislauf!

2. Erläutern Sie die beiden Teile des Allokationsproblems und des Distributionsproblems!

3. Erklären Sie die Annahmen, die in der ordinalen Nutzentheorie über Nutzenfunktionen gemacht werden!

4. Wie nennt man den Zustand, der vorliegt, wenn das Austauschverhältnis zweier Güter dem (negativen) Kehrwert der Preise dieser beiden Güter entspricht?

5. Ist die Annahme einer abnehmenden Grenzrate der Substitution plausibel?

6. Erklären Sie den Elastizitätsbegriff!

7. Welche Punkte im x_1-x_2-Diagramm kann der Haushalt realisieren, wenn die Möglichkeit der Ersparnisbildung und der Kreditaufnahme einbezogen wird?

8. Wie nennt man Güter, deren Kreuzpreiselastizität negativ ist? Nennen Sie Beispiele!

9. Was sind inferiore und superiore Güter? Nennen Sie Beispiele!

10. Was ist der Unterschied zwischen einer Bewegung auf der Nachfragekurve und einer Bewegung der Nachfragekurve?

11. Erläutern Sie den Begriff der Grenzproduktivität!

12. Erläutern Sie den Verlauf von Ertrag, Durchschnittsproduktivität und Grenzproduktivität bei ertragsgesetzlichen Produktionsfunktionen!

13. Wann ist ein Produktionsprozeß $P_1(r_{11}, r_{21})$ technisch effizient gegenüber einem Produktionsprozeß $P_2(r_{12}, r_{22})$?

14. Erläutern Sie die Kriterien, nach denen Produktionsfunktionen klassifiziert werden!

15. Wie heißt die Elastizität $\varepsilon_{y, \lambda}$ und welche Bereiche werden bei ihr unterschieden?

16. Welche Kostenverläufe können aus dem Gesamtkostenverlauf graphisch abgeleitet werden und wie geschieht dies?

17. Welche Arten der Änderung des Faktoreinsatzes werden unterschieden?

18. Leiten Sie die Regel für die Nachfrage nach Produktionsfaktoren ab!

19. Welche Analogie besteht zwischen Haushalts- und Produktionsgleichgewicht?

20. Nach welchen Kriterien können Märkte abgegrenzt werden?

21. Wie wird das Produktionsgleichgewicht beim Monopol ermittelt?

22. Erläutern Sie den Ablauf des Anpassungsprozesses beim Cobweb-Theorem!

23. Worin unterscheidet sich vollkommene und vollständige Konkurrenz?

24. Beschreiben Sie die Bedingungen eines PARETO-Optimums!

25. Warum wird die Monopolisierung eines Marktes im allgemeinen negativ beurteilt?

5.2 Lösungshinweise

1. Vgl. S. 5.

2. Vgl. S. 5 f.

3. Vgl. S. 8 ff.

4. Dieser Zustand heißt Haushaltsgleichgewicht, weil der Haushalt hier sein Nutzenmaximum erreicht und deswegen seine Pläne nicht revidieren wird (vgl. S. 13).

5. Ja. Sie entspricht der Erfahrung, daß Haushalte sich entsprechend dem ersten Gossenschen Gesetz verhalten (vgl. S. 9). Der abnehmende Grenznutzen impliziert eine abnehmende Grenzrate der Substitution.

6. Vgl. S. 15 f.

7. Oberhalb der Bugetgeraden bei Kreditaufnahme; unterhalb der Budgetgeraden bei Ersparnisbildung.

8. Komplementäre Güter, z.B. Auto – Benzin. Vgl. S. 17.

9. Vgl. S. 19 f.

10. Eine Veränderung der Nachfragekurve erfordert eine Änderung der Präferenzen (Verschiebung der Indifferenzkurven) oder des Einkommens. Eine Bewegung auf der Nachfragekurve erfolgt bei Preisänderungen.

11. vgl. S. 27.

12. Es werden vier Bereiche unterschieden. Vgl. S. 27 f.

13. P_1 ist technisch effizient gegenüber P_2, wenn P_1 bei gleichem Faktoreinsatz einen höheren Output als P_2 ermöglicht oder wenn P_1 bei gleichem Output wie P_2 eine geringere Faktoreinsatzmenge verbraucht.

14. Dies sind Substitutionalität, Homogenität und Homogenitätsgrad. Vgl. S. 32 ff.

15. Die Skalenelastizität hat drei Bereiche. Vgl. S. 29 f. und S. 34 f.

16. Durchschnittliche totale, variable und fixe Kosten (Steigung des entsprechenden Fahrstrahls); Grenzkostenkurve (Steigung der Tangente). Vgl. S. 41.

17. Partielle, proportionale, isoquante und isokline Faktorvariation (vgl. S. 25 ff.).

18. Die Regel lautet: Faktorpreis gleich Wertgrenzprodukt. Vgl. S. 45 f.

19. Haushalte und Unternehmen verfolgen beide ein Maximierungsziel. Dieses Ziel wird bei beiden durch die Bestimmung eines Tangentialpunktes zwischen Indifferenzkurve (Isoquante) und Budgetgerade (Isokostengerade) realisiert.

20. Nach quantitativen und qualitativen Merkmalen (vgl. S. 47 f.).

21. Vgl. S. 61 f.

22. Vgl. S. 49 f.

23. Vollkommene Konkurrenz liegt vor, wenn die Bedingungen eines vollkommenen Marktes erfüllt sind. Vollständige Konkurrenz erfordert zusätzlich eine polypolistische Marktstruktur.